KB119019

흐름을
꿰뚫는
세계사
독해

흐름을 꿰뚫는 세계사 독해

사토 마사루 지음 | 신정원 옮김

복잡한 현대를 이해하기 위한
최소한의 역사

역사의아침

서문

역사는 비극을
되풀이하는가?:

세계사를
아날로지적으로
읽는다

제1장

다극화하는 세계를 독해하는 비결:

신제국주의를 역사적으로 이해하기

제2장

민족 문제를
독해하는 비결:

내셔널리즘을
역사적으로
이해하기

제3장

종교 분쟁을
독해하는 비결:

**IS와 EU를
역사적으로
이해하기**

【일러두기】

• 이 책은 2015년 일본에서 출간된 사토 마사루佐藤優의 《세계사의 진수世界史の極意》를
  우리말로 옮긴 것이다.
• 본문 주석은 모두 옮긴이의 글이다.
• 인명을 포함한 외국어표기는 국립국어원 외국어표기법과 용례에 따라 표기했으며 최초
  1회 병기를 원칙으로 했다.
• 전집이나 총서, 단행본 등은 《 》로, 개별 작품이나 편명 등은 〈 〉로 표기했다.
• 국내에 번역 출간되어 있는 도서의 경우 국내 서지사항을 적었으며, 그렇지 않은 도서만
  원서 그대로 옮겼다.

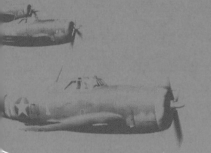

역사는 비극을 되풀이하는가?:

세계사를 아날로지적으로 읽는다

아날로지로 역사를 이해하기

이 책을 펼쳐든 당신에게 묻는다. 왜 역사를 공부하는가? 학생이라면 성적을 향상시키거나 입시에 합격하기 위해서일 것이다. 과거를 살았던 인간의 면면을 알아가는 일을 즐거워하는 사람도 있을 테고, 역사 드라마를 재미있게 본 후 드라마에서 다룬 시대를 좀더 알고 싶어진 사람도 있으리라 본다. 물론 교양을 쌓기 위해 역사를 공부하는 사람도 많을 것이다.

당신이 회사원이라면, 가장 중요한 기초교양 가운데 하나가 세계사라고 단언할 수 있다. 그 이유는 무엇인가. 세계사는 회사원이 성장하는 데 필요한 강력한 무기이기 때문이다. 사람과 물자와 돈이 국경을 넘어 어지러울 만큼 빠르게 이동하는 오늘날, 회사라는 조직의 일원으로 살아가기 위해서는 국제적인 감각이 필요하다. 그러한 감각을 갖추려면 외국어를 익히는 것만으로는 부족하다. 어떠한 역사가 축적되어 현재의 국제정세가 성립되었는지를 정확하게 인식하고 상황을 꿰뚫어볼 필요가 있다. 젊은 사회인에게는 아날로지analogy[1]로 과거에 일어났던 일들을 읽고, 현재 벌어지고 있는 일들을 살피는 감각이 필요하다. 그와 같은 감각은 세계사 교과서나 연표를 그저 멍하니 바라본들 얻을 수 있는 것이 아니다.

이 책은 '지금'을 독해하기 위해 반드시 알아야 하는 역사적인 사건들을 정리해 해설하고자 한다. 통사적인 접근으로 세계사를 해설하려는 것이 아니다. 세계사를 통해 아날로지적인 관점을 기르기 위한 책이다. 아날로지란, 비슷한 사물을 연관해 사고하는 방식을 가리킨다. 아날로지적인 사고가 중요한 이유는, 이 사고방법을 체득하고 있다면 미지의 사건과 맞닥뜨렸을 때도 '이 상황은 과거에 경험했던 그때 그 상황과 흡사하다'는 판단과 함께 대

---

[1] 아날로지는 유비類比 또는 유추類推라고 옮기기도 하나, 이 책에서는 저자의 의도를 반영해 영문 표기를 그대로 살렸다.

상을 냉정하게 분석할 수 있기 때문이다. 뛰어난 작가와 저술가들은 아날로지를 정교하게 사용해 주변과 세상을 해설했으며, 이해의 새로운 지평을 개척했다. 이러한 의미에서 아날로지적인 사고력을 기르는 일은 비즈니스에 임할 때도 국제적인 감각뿐 아니라 설명하는 기술을 향상시키는 효과를 가져다줄 것이다.

단기 20세기에 벌어진 일

앞서 언급한 실리적인 목적 외에, 이 책이 세계사로 아날로지적인 사고훈련을 하려는 데에는 또 다른 목적이 있다. 바로 '전쟁을 저지하는 것'이다. 제1차 세계대전이 발발한 지 100년이 지난 2014년, 우크라이나 분쟁이나 IS(Islamic State) 세력의 확대 등과 같이 '전쟁 위기'를 느끼게 만드는 사건들이 세계 도처에 발생했다.

영국 역사가 에릭 홉스봄(Eric Hobsbawm)은 프랑스혁명이 일어난 1789년부터 1914년까지를 '장기 19세기(Long 19th Century)', 1914년부터 소련이 붕괴한 1991년까지를 '단기 20세기(Short 20th Century)'[2]라고 명명했다. 장기 19세기는 계몽의 시대, 진보의 시대

---

[2] 장기 19세와 단기 20세기는 《혁명의 시대》·《자본의 시대》·《제국의 시대》·《극단의 시대》로 이루어진 홉스봄의 '시대 시리즈'를 관통하는 중요한 개념이다. 《혁명의 시대》

를 가리킨다. 이성을 올바르게 사용한다면 인간은 과거에서 현재로, 현재에서 미래로 무한히 진보할 수 있다고 순수하게 믿던 시대였다. 과학과 산업이 발달하고 물질적으로도 풍요를 누리게 된 유럽은 그들 자신이야말로 문화적으로 가장 진보한 지역이라 자부했으며, 근대화를 이루지 못한 이문화異文化 국가들을 '미개' 아니면 '야만'이라 규정했다. 식민지 지배이론인 '유럽이 미개하거나 야만스러운 국가들을 지도하고 발전시켜야 한다'는 유럽 중심주의가 정당화된 것도 이 시대의 일이다. 그러나 '이성을 올바르게 사용한' 인류를 기다리고 있었던 것은 무한한 진보가 아니라 두 차례의 세계대전이었다. 그러한 의미에서 보았을 때, 제1차 세계대전은 진보의 시대가 끝났음을 알리는 사건이었다.

나아가 홉스봄은 제1차 세계대전과 제2차 세계대전을 아울러 '20세기의 31년전쟁'이라 파악했다. 31년전쟁이 벌어진 기간은 유럽과 미국의 자유주의와 민주주의가 심각한 위기를 맞이한 시대였다. 제1차 세계대전이 한창이던 1917년에 러시아혁명이 일어났고, 1922년에는 소비에트사회주의공화국연방이 결성

· 《자본의 시대》· 《제국의 시대》가 장기 19세기를, 《극단의 시대》가 단기 20세기를 다룬다.

되었다. 전간기戰間期[3]에는 독일에서 나치 정권이 탄생했고, 이탈리아와 일본 또한 파시즘국가가 되어 자유주의 진영과 대립했다. 다음에 인용한 홉스봄의 글을 보면 사회주의와 나치즘, 파시즘이 대두하면서 자유주의와 민주주의가 얼마나 궁지에 몰렸는가를 알 수 있다.

> 세계를 하나의 전체로 보면, (몇몇 라틴아메리카 공화국을 포함시킨다면) 선거를 통해 구성된 입헌적인 정부는 1920년에 적어도 35개였던 것으로 보이는데, 1938년경에는 17개국, 1944년에는 전 세계 64개국 중에서 12개국의 정부가 그러했던 것으로 보인다.[4]

전쟁이 끝난 후 동서 냉전 시대가 형성되었으나 1991년에 소련이 붕괴하면서 공산주의·사회주의 진영의 패배가 선명해졌다. 홉스봄은 여기서 단기 20세기의 끝을 보았던 것이다.

---

[3] 제1차 세계대전이 끝난 1918년부터 제2차 세계대전이 발발한 1939년까지의 기간을 뜻한다.

[4] 에릭 홉스봄 지음, 이용우 옮김, 《극단의 시대*The Age of Extremes*》, 까치글방, 1997.

전쟁의 시대는 계속되고 있다

돌이켜보면 홉스봄은 시대를 잘못 진단했던 것이 아닌가 한다. 1914년에 시작된 전쟁의 시대는 여전히 계속되고 있기 때문이다. '세계대전'은 아직 끝나지 않았다. 소련이 붕괴하고 이듬해인 1992년, 미국 정치학자인 프랜시스 후쿠야마Francis Fukuyama는 저서 《역사의 종말The End of History and the Last Man》에서 민주주의와 자유경제주의의 최종 승리를 드높이 선언했다. 후쿠야마가 말한 대로라면, 전 세계 모든 국가는 민주국가가 되어 평화롭고도 아늑한 시대가 찾아왔을 것이다.

하지만 현실은 완전히 달랐다. 소련이 붕괴하고 10년이 지난 2001년 9월 11일 미국에서 일어난 동시다발 테러, 2003년 이라크전쟁을 기점으로 전개된 시리아 내전과 우크라이나 위기, IS의 위협에 이르기까지 인류가 전쟁과 분쟁을 일으키지 않았던 시기는 한순간도 없었다. 2008년의 글로벌 금융위기 이후, 유럽 사회도 점차 불안정해지는 추세다. 2014년 5월 22일부터 25일까지 EU 28개국에서 진행된 유럽의회 선거 결과, 프랑스의 국민전선 Front National, 영국의 영국 독립당UK Independence Party, 덴마크의 덴마크 인민당The Danish People's Party 등 반反이민과 반EU를 기치로 내건 극우세력의 의석이 늘었다. 영국에서는 스코틀랜드 독립 문제가 불거졌고, 벨기에에서도 남북 대립이 격렬해지면서 북부인 플랑드르 지방 독립을 꾀하는 움직임이 나타나고 있다.

일본 또한 영토 문제를 둘러싸고 주변 국가들과 긴장을 높여가는 중이다. 특히 오키나와 현의 센카쿠 열도를 둘러싼 오해와 도발을 계기로 중국과 일본이 무력 충돌할 위험이 있다. 지극히 평범한 사회인이라 하더라도 현재의 국제정세를 보며 심상치 않다는 느낌을 받을 터이며, 그 직관은 옳다.

핵무기를 사용하지 않고 전쟁을 벌일 '지혜'

제1차 세계대전이 발발한 지 100년이 지난 지금까지 전쟁의 시대가 계속되고 있는 이유는 무엇일까. 두 차례의 비참한 전쟁을 겪은 인류는 세계대전에 넌더리가 나지 않았던가? 핵무기를 사용하면 서로 자멸할 것이 분명하기 때문에 전쟁을 억제했던 것이 아니었던가? 우크라이나 분쟁과 이스라엘군의 가자 지구 공습을 통해, 이제 핵은 전쟁을 억제하는 수단으로 기능하지 않는다는 사실이 분명해졌다. 무슨 말인고 하니, 인류가 핵무기를 사용하지 않는 범위에서 전쟁을 벌일 '지혜'를 갖추었다는 뜻이다.

핵 이외의 병기를 써서 전쟁을 해도 사망자는 나온다. 우크라이나 분쟁으로 2014년에 약 2,500명이 죽었다. 2008년의 가자 지구 공습에서도 2,000명 정도의 사망자가 나왔다. 다시 말해 선진국조차도 2,000명 정도가 목숨을 잃는 범위의 전쟁에는 저항감을 크게 느끼지 않고 있다. 물론 그 임계점은 국가마다 다르다. 미국이라면 2,000명이나 되는 희생은 받아들이지 못할 것이다. 해병이 10여 명 사망해도 미국에서는 커다란 문제가 된다.

일본은 어떨까? 지금까지는 한 자릿수, 아니 단 한 사람이라도 희생되면 정권이 붕괴했다. 그러나 아베 정권의 핵심 인사들과 외무성 관료들은 자위대의 해외 파병을 가능하게 하는 '해석 개헌'을 진지하게 고려해왔다. 물론 공명당이 연립여당에 가담해 각의閣議에서 결정한 내용에 제약을 가함으로써 집단적 자위권을 실질적으로 행사하는 데 높은 장벽이 생겼다. 그러나 애당초 입헌주의에 대한 분별이 없는 아베 정권에는 전쟁을 향해 폭주할 가능성이 언제나 도사리고 있다.

역사가 반복된다는 사실을 깨치기 위해

이와 같은 상황에서 지식인에게 부여된 초미의 과제는 '전쟁을 저지하는 것'이다. 그리고 전쟁을 저지하기 위해서는 아날로지를 통해 역사를 볼 필요가 있다. 앞서 이야기했듯이 아날로지적으로 역사를 본다는 것은 지금 스스로가 놓여 있는 상황을 다른 시대, 다른 장소에서 발생한 다른 상황과 연관해 이해하는 일이다. 이러한 아날로지적인 사고는 논리로 파악할 수 없는 대단히 복잡한 사건을 눈앞에 두었을 때 어떻게 행동할 것인가를 사고하는 데 도움이 된다.

흔히 "역사는 반복된다"고 말한다. 그러나 역사가 실제로 반복되는지 여부를 통찰하려면 아날로지적으로 역사를 보는 과정이 반드시 필요하다. 카를 마르크스Karl Marx는《루이 보나파르트의 브뤼메르 18일Der achtzehnte Brumaire des Louis Bonaparte》에서 "역사는 반복된다. 한 번은 비극으로, 또 한 번은 희극으로"라고 적었다. 여기서 말하는 "또 한 번"이 희극이라는 보증은 없다. 제1장에서 자세히 살펴보겠지만, 오늘날 세계는 19세기 말과 20세기 초의 제국주의를 되풀이하고 있다. 제국주의 시대에는 서구 열강이 '힘'을 노골적으로 드러내고서 세력을 확대했다면, 현대에는 중국과 러시아가 제국주의적인 경향을 강화하는 중이다. 이는 아날로지적으로 역사를 보는 한 가지 사례다. 별 생각 없이 뉴스를 보는 정도만으로는 역사가 반복된다는 사실을 깨칠 수 없다. 제국주의의 특징과 논리를 알고, 더불어 그 지식을 현대의 상황과 연관해 살펴봄으로써 현대가 제국주의를 되풀이하고 있음을 비로소 통찰할 수 있는 것이다.

아날로지가 왜 중요한가

아날로지로 이야기하는 것은 신학적 사고의 특징이기도 하다. 기독교 신학자인 앨리스터 맥그래스Alister McGrath는 《신학이란 무엇인가Christian Theology》에서 아날로지와 메타포metaphor(은유)의 차이를 다음과 같이 설명했다.

하나님은 지혜로우시다.
하나님은 사자다.

첫째 진술에서는, 하나님의 본성과 인간의 '지혜' 사이에 아날로지적인 관계가 있음이 긍정되고 있다. 인간의 지혜와 하나님의 지혜라는 관념 사이에는 언어적 차원과 존재론적 차원에서 직접적 유사성이 존재하는 것으로 볼 수 있다. 인간의 지혜는 하나님의 지혜를 보이는 아날로지로 사용된다. 이 비교는 우리에게 어떤 놀라움도 일으키지 않는다.

두 번째 진술에서, 이 비교는 우리를 깜짝 놀라게 한다. 하나님을 사자에 비유하는 것은 적합해 보이지 않는다. 하나님과 사자 사이에 여러 가지 유사성이 있을지는 모르지만 분명 둘은 많은 차이가 있다.[5]

아날로지와 메타포는 모두 유사성 요소와 차이성 요소를 가지고 있다. 맥그래스가 말하고자 하는 것은, 메타포는 차이성 요소가 강하기 때문에 이화효과異化效果, 즉 남을 놀라게 만드는 효과가 높아진다는 점이다. 위 인용문에서 보자면, "하나님은 사자다"라는 표현으로 신이 분노하는 존재임을 깨달을 수 있을 것이다. 이와 달리 아날로지는 '놀라운 것'이 아무것도 없다. 유사성 요소가 차이성 요소보다도 크기 때문이다. 개인적으로는 아날로지와 메타포 사이에 엄밀한 경계를 긋기 어려우므로, 메타포를 아날로지에 포함해도 무리는 없다고 생각한다.

나아가 맥그래스는 신학에서 아날로지가 중요한 이유를, 눈에 보이지 않는 존재인 신을 사고할 때 아날로지를 사용하는 것이 무척 요긴하기 때문이라고 말한다. 이를테면 "신은 우리의 아버지다"라는 표현은 신과 인간의 아버지를 아날로지적으로 포착한다. 인간은 신의 모든 것을 알 수는 없으나, 인간의 아버지에 대한 이해를 단서로 신을 사고할 수 있다는 것이다.

---

5 앨리스터 맥그래스 지음, 김기철 옮김, 《신학이란 무엇인가》, 복있는사람, 2014.

헤이트스피치의 배경

아날로지는 역사에도 적용할 수 있다. 현대가 어떠한 시대인가를 완벽히 설명하기란 불가능하다. 그러므로 과거의 역사적인 상황을 아날로지를 통해 읽음으로써 현대를 이해하는 작업이 필요해진다. 이 작업은 현재를 이해하기 위한 '거대한 서사'를 만드는 일이라고 바꾸어 말할 수도 있을 것이다. 거대한 서사란, 사회 전체가 공유할 수 있는 가치나 사상 체계를 말한다. 장기 19세기 시대에서라면 '인류는 무한히 진보한다' 또는 '민주주의와 과학기술의 발전이 인류를 행복하게 해준다' 등이 거대한 서사가 될 것이다. 그러나 민주주의에서 나치즘이 태어났고 과학기술이 원자폭탄을 만들어내자 사람들은 거대한 서사를 있는 그대로 믿지 못하게 되었다.

특히 우리 세대 이후 일본의 지식인들은 거대한 서사에 대한 비판만을 일삼으며 이를 만드는 작업에 소홀했다. 역사 연구 영역에서도 세세한 각론에서는 실증을 견실히 하는 데 힘을 쏟으면서, 아날로지를 통해 역사를 파악하고 거대한 서사를 도출하는 일에는 지극히 소극적이었다. 그 결과, 배외주의排外主義적인 서적과 헤이트스피치hate speech(특정 인종이나 민족에 대한 혐오 발언)가 범람했다.

인간은 본질적으로 이야기를 좋아한다. 그러므로 지식인이 거대한 서사를 만들어 제시하지 않으면 기괴한 이야기가 그 간극을 메우고 만다. 좀더 구체적으로 설명하자면 이렇다. 지식인들이 거대한 서사를 만들지 않으면, 이야기를 읽어낼 수 있는 사람들의 능력이 현저히 저하된다. 따라서 "재일외국인이 누리는 특권 때문에 일본 국민의 생명과 재산이 위협당하고 있다" 같은 식의 치졸하고도 기괴한 이야기마저도 수많은 사람이 쉽사리 믿게 된다는 뜻이다.

새로운 서사의 구축

나 또한 역사 인식이 얕았음을 인정해야겠다. 지금까지 내가 세계사를 독해하는 데 사용했던 방법론은 일단 역사를 유형화한 다음, 구체성과 실증성에 치중하며 읽어나가는 것이었다. 좀더 풀어서 설명하자면 일본을 비롯한 각국 문화의 특징에 따라 세계사를 유형별로 나누고, 각각의 특성을 탐색하는 작업이다. 오카와 슈메이大川周明[6], 국가사회주의자인 다카바타케 모토유

---

[6] 일본의 사상가. 정신적으로는 일본주의를, 국가 내정에서는 사회주의 혹은 통제경제를, 외교에서는 아시아주의를 제창했다. 패전 후 민간인으로는 유일하게 A급 전범 용

키高畠素之[7]의 저작이나《국체의 본의國體の本義》[8] 등이 그 전형이다.

이 같은 방식의 역사 독해를 통해 제시하고자 한 것은 세계사가 다양하다는 관점이었다. 미국 관점에서 구성한 세계사가 있는가 하면 일본 관점에서 엮은 세계사도 있다. 그러나 지식인들이 거대한 서사를 만드는 작업을 소홀히 한 탓에, 일본 시각으로 구성한 세계사는 존재감이 희미해지고 말았다. 그래서 나 스스로 일본의 거대한 서사를 재구축할 필요를 느꼈다. 제국주의적인 경향을 강화해가는 국제사회 안에서, 그러한 작업을 바탕으로 우리에게 필요한 지혜를 찾아낼 요량이었던 셈이다.

그러나 현재의 나는 그와 같은 작업의 필요성을 느끼지 못한다. 좀더 정확하게 말하자면, 기괴하고 거대한 서사의 범람을 막을 수 있는 새로운 서사를 구축하는 편이 한층 시급한 과제라고 인식하고 있다. 이상과 같은 개인적인 반성에 입각해, 이 책에서

의로 기소되었으나, 정신이상이라는 이유로 재판에서 제외되었다.

[7] 일본의 사회사상가이자 철학자. 일본에서 처음으로 《자본론》 전체를 번역했으며 당대의 저명한 마르크스 연구자 가운데 하나였다.

[8] 1937년, 당시 문부성이 '일본은 어떠한 국가인가'를 분명히 하려는 목적으로 학자들을 모아 편찬한 서적이다. 여기서 말하는 국체란 '어떤 국가의 기초적인 정치원칙'이지만, 사실상 일본에 특화된 정치사상 용어이며 특히 '천황을 중심으로 한 질서'를 의미한다.

는 아날로지를 통해 역사를 이해하는 방법을 살펴볼 것이다. 이러한 작업이 실리적으로도 유익하다는 사실은 지금까지 서술한 바와 같다.

일본이 국제사회에서 고립된 이유

2012년 제2차 아베 정권이 발족한 이래, 아소 다로麻生太郎 부총리가 헌법 개정을 위해 나치가 썼던 수법을 차용하겠다는 식의 발언을 함으로써 국제사회의 비난이 쇄도했다. 야스쿠니 신사 참배와 위안부 문제를 둘러싼 정부의 대응에 일본의 우경화를 우려하는 해외 정치가와 언론의 지적도 끊일 줄 모른다. 일본은 국제사회에서 점점 고립되고 있다.

아베 정권이 일본의 고립을 초래하는 대응을 되풀이하는 이유는 아날로지적인 사고력이 결여되어 있기 때문이다. 이를테면 일본군위안부 문제에 관해, 서구 사람들은 '내 딸이나 여동생이 위안부로 끌려가 성적 봉사를 강요당했다면……' 같은 생각으로 이 문제에 접근한다. 그러므로 정치가가 한때는 어느 국가에나 공창제도가 존재했다고 주장한들, 그들은 공창제도를 인권을 짓밟는 행위라고 이해한다. 이러한 아날로지적인 사고를 조금도 고려하지 않고 "우리는 틀리지 않았다"라고 뻗대보았자 국제사회의 동의를 얻을 수 없다. 달리 표현하자면, 아베 정권은 동네 불량배처럼 편의점 앞에 한데 모여 담배를 피우는 패거리와 같다. 그들끼리는 서로 이해하고 있지만 바깥 세계가 그들을 어떻게 바라보는지는 모른다. 아날로지적으로 사고하는 훈련을 하지 않으면 외부 세계를 잃고 말 것이다.

각 장의 목적

지금까지 서술한 문제의식을 바탕으로, 이 책에서는 아날로지로 세계사를 읽는 훈련을 하고자 한다. 서두에서 밝혔듯이 세계사를 통사적으로 해설하려는 것은 아니다. '자본주의와 제국주의', '민족과 내셔널리즘', '기독교와 이슬람교'라는 세 가지 주제를 집중적으로 학습함으로써 현대 세계의 양태를 정확히 파악하고, 역사 속에서 전쟁의 시대를 헤쳐나갈 지혜를 모색하는 것이 이 책의 목적이다.

각 장의 주제를 간단히 설명하겠다. 제1장 〈다극화하는 세계를 독해하는 비결〉에서는, 개인적으로 신제국주의 시대라 부르는 현대의 시대 상황을 사회경제사 관점에서 분석할 것이다. 1914년에 시작된 전쟁의 시대가 끝나지 않은 만큼, 오늘날의 시대 상황을 제대로 파악하기 위해서는 구제국주의 시대의 전쟁과 신제국주의 시대의 전쟁이 어떻게 다른가를 알 필요가 있다.

제2장 〈민족 문제를 독해하는 비결〉은 전쟁을 저지하려는 이 책의 목적과 직접적으로 관련되어 있다. 전쟁과 분쟁을 저지하기 위해서는 근대의 기저에 존재하는 민족과 내셔널리즘nationalism에 대한 이해가 반드시 필요하기 때문이다. 우크라이나 위기든 스코틀랜드 독립 문제든, 민족이라는 요소에 착안해야만 그 본질을 이해할 수 있다. 또한 이 장에서는 고등학교 세계사 수업에서 곁다리 취급을 받기 일쑤인 중유럽과 동유럽의 역사를 중점적으로 다룰 것이다. 왜냐하면 민족의 원형은 영국과 프랑스 같은 서유럽이 아니라 중유럽과 동유럽에서 탄생했기 때문이다. 극단적으로 말하자면, 이 지역의 역사를 파악하지 못하면 민족과 내셔널리즘 문제를 이해할 수 없다. 기본적인 내셔널리즘론論을 참조해 세계사를 파악함으로써, 현대의 민족 문제와 내셔널리즘을 연관해 이해하는 힘을 기르는 것이 이 장의 목적이다.

제3장 〈종교 분쟁을 독해하는 비결〉에서는 기독교와 이슬람교의 역사를 다룬다. 그러나 각각의 종교사를 개괄하지는 않을 것이다. 국민국가의 기능이 저하됨에 따라, 국가와 민족을 초월한 네트워크를 구축하려는 움직임이 활발해지고 있다. 기독교를 원천으로 삼은 EU와 이슬람을 원천으로 삼은 IS의 비교를 통해 종교라는 각도에서 전쟁의 시대를 되묻고자 한다. EU든 IS든 그

배경에는 자본주의와 내셔널리즘 문제가 도사리고 있다. 따라서 제3장의 논의를 음미한다면 제1장과 제2장의 내용을 더욱 깊이 이해할 수 있을 것이다.

자본주의와 내셔널리즘, 종교. 나는 이 세 요소가 얽히고설키면서 신제국주의 시대를 가동하고 있다고 본다. 그 실상을 역사적 사례에 비추어 파악하는 일이 이 책의 최종 목표다. 서문을 비롯해 각 장의 마지막 부분에서는 각각의 주제를 더 깊이 고찰하는 데 도움을 줄 책들을 소개했다. 유익한 책은 헤아릴 수 없이 많지만, 여기에서는 쉽게 읽을 수 있는 책을 위주로 선정했다. 더욱 상세히 공부하고 싶은 독자는 권말에 수록한 참고문헌을 살펴보기 바란다.

아날로지적인 사고를 단련하기 위한 책

《要說世界史－世界史A(요설세계사－세계사A)》, 山川出版社, 2013.
《詳說世界史－世界史B(상설세계사－세계사B)》, 山川出版社, 2013.

《요설세계사》는 근현대사에 중점을 둔 형태로 구성된 일본 고등학교 역사 교과서다. 사회인에게 필요한 기초교양을 이 한 권으로 충분히 얻을 수 있을 것이다. 아울러 세계사에 대한 통사적인 지식도 알아둘 필요가 있다. 의욕 있는 독자라면 《요설세계사》를 읽은 후 《상설세계사》를 정독해 통사적인 지식을 보충하기 바란다.

《歷史とは何か(역사란 무엇인가)》, PHP研究所, 2014.

역사의 진실이란 무엇인가? 역사의 진실에 가닿기 위해 역사가들은 어떻게 격투를 벌여왔는가? 헤로도토스Herodotos에서 후쿠자와 유키치福澤諭吉에 이르는 다양한 역사가의 사례를 소개한다. 역사의 본질에 바짝 다가서고자 한 좋은 책이다. 아날로지적인 관점을 연마하기 위해서는 이와 같은 지적 작업이 필수다.

《歷史からの傳言(역사로부터의 전언)》, 扶桑社, 2012.

일본 근현대사에 관해 가토 요코와 후쿠다 가즈야가 펼친 토론을 정리한 책이다. 환태평양 경제동반자협정TPP과 오키나와 문제, 전쟁 책임 문제, 미일 관계 등 현실의 생생한 과제를 역사적으로 독해하기 위한 힌트로 가득하다.

제1장

다극화하는 세계를
독해하는 비결:

신제국주의를
역사적으로
이해하기

■ 구제국주의 시대

연도	주요 사건
1870, 71년	프로이센–프랑스전쟁
1873~96년	대불황
1873년	독일·오스트리아·러시아제국 삼제동맹三帝同盟
1875년	영국, 수에즈운하 주식 매수
1877년	영국령 인도제국 성립
1881년	프랑스, 튀니지를 보호국으로 삼음
1882년	미국 록펠러, 오일 트러스트 형성
1887년	프랑스령 인도차이나연방 성립
1888년	빌헬름 2세, 독일 황제 즉위
1898년	미국–스페인전쟁
1899~1902년	제2차 보어전쟁
1914~18년	제1차 세계대전
1917년	러시아혁명

■ 신제국주의 시대

연도	주요 사건
1989년	베를린장벽 붕괴
1991년	소련 붕괴
2001년	미국, 동시다발 테러 발생
2005년	싱가포르·브루나이·칠레·뉴질랜드 4개국 환태평양경제동반자협정 체결
2008년	러시아–조지아전쟁 리먼 브라더스 사태 미국, 환태평양경제동반자협정 교섭에 참가 표명
2010년	중국, GDP 세계 2위 등극 유럽 재정위기
2011년	남수단 독립 푸틴, 유라시아공동체 구상 제창
2012년	오바마, 미얀마 방문
2013년	중국, 방공식별구역 선포
2014년	우크라이나 위기

나는 현재의 국제환경을 '신제국주의 시대'라 부른다. 신제국주의 시대라 일컫는 이유는 '제국주의 시대'라 불리는 시대가 세계사에 존재했기 때문이다. 다시 말해 과거의 제국주의 시대와의 아날로지로 이렇게 명명하게 되었다는 뜻이다. 제1장의 목표는 신제국주의 시대 상황을 사회경제사 관점에서 파악하고 평가하는 일이다. 전반부에서는 16세기까지 거슬러 올라가 1870년대 구제국주의의 등장을 촉진한 배경을 검토한 다음, 구제국주의와 신제국주의의 본질을 밝힐 예정이다. 후반부에서는 주로 영국의 경제사를 참조하면서 구제국주의 시대의 전제로 기능했던 자본주의의 본질을 고찰해볼 것이다.

1

제국주의는 어떻게 탄생했는가

제국주의 시대

세계사에서 제국주의 시대는 1870년대부터 제1차 세계대전까지를 이른다. 이 시기는 구미 열강이 군비를 확장하고 세계 각지를 식민지나 세력권으로 삼아 지배하던 때였다. 앞서 소개한 일본 고등학교 역사 교과서인 《상설세계사》에서는 제국주의를 다음과 같이 설명한다.

주요 국가들의 자본주의가 발전하고 상호 경합이 치열해지는 가운데, 미래의 발전을 위한 자원 공급지와 수출 시장으로서 식민지가 가지는 중요성이 재평가되었다. 불황과 저성장이 이어진 1870년대 이후 본국과 식민지의 결속을 긴밀히 하는 한편 아직 식민지로 삼지 않은 지역을 점령하고자 하는 움직임이 강화되었다. 여기에는 유럽 근대 문명에 대한 구미 제국의 우월 의식과 비유럽 지역 문화에 대한 경시 확대, 그리고 비유럽 지역을 제압하거나 지배하는 행위를 용이하게 하는 교통 및 정보 수단과 군사력이 압도적으로 우세했던 상황 등의 배경이 있다. 1880년대 이후 열강들은 아시아와 아프리카로 몰려들었고, 식민지와 세력권을 확립했다. 이러한 움직임을 제국주의라 한다.[9]

이를테면 영국은 1870년대에 이집트의 수에즈운하 주식을 매수하고 인도제국을 세웠다. 프랑스 또한 1880년대에 식민지 확대 정책을 취하고 아프리카와 인도차이나 반도를 하나씩 식민지로 삼기 시작했다. 그렇다면 왜 1870년대부터 제국주의 시대로 돌입했던 것인가? 이 점을 이해하기 위해서는 중상주의 이후의 세계경제사를 파악할 필요가 있다. 그런 다음에야 비로소 현재의 국제환경을 신제국주의 시대라고 규정하는 아날로지를 이해할 수 있다.

---

9 木村靖二·佐藤次高·岸本美緒, 《詳說世界史-世界史B》, 山川出版社, 2013.

중상주의는 무엇인가

16세기 이후 자본주의는 '중상주의→자유주의→제국주의(독점자본주의)→국가독점자본주의→신자유주의' 형태로 변천을 거듭했다. 중상주의란 16세기에 형성된 절대왕정이 실행한 경제정책으로, 국가가 상공업을 육성하고 무역을 진흥하는 것을 말한다. 초기의 중상주의는 다른 국가의 광산을 개발해 금은을 직접 수탈하는 중금주의, 이어서 무역 흑자에 따른 화폐 획득을 중시하는 무역차액주의, 그리고 국내 수출산업을 보호·육성하는 산업보호주의 단계로 옮겨갔다.

중금주의의 대표 주자는 스페인이었다. 16세기 전반에 코르테스Hernán Cortés는 아스테카왕국을 정복했고, 피사로Francisco Pizarro는 잉카제국을 멸망시켰다. 스페인은 그들이 정복한 아메리카 중남부에서 광산을 경영하며 금은을 직접 거두었다. 현지 원주민에게 노예노동을 강요하고, 채굴한 금은을 자국으로 가져갔다. 그러나 스페인 왕실은 전비戰費와 낭비 때문에 파산했다. 금은도 무궁무진한 것은 아니었던 까닭에 결과적으로 중금주의는 쇠퇴했다.

17세기가 되자 외국무역이 중상주의의 중심이 되었다. 국가가 수출입을 규제하고 이익을 가로채는 것을 무역차액주의라고

한다. 세계사 시간에 동인도회사를 배웠을 것이다. 17세기 초, 1600년에 영국을 시작으로 1602년에 네덜란드, 1604년에 프랑스가 잇달아 동인도회사를 설립했다. 동인도회사란, 국가가 발부한 특허장을 바탕으로 무역을 독점적으로 행하는 회사를 말한다. 무역이 활발해지자 수출산업을 보호할 필요가 생겼고, 이에 국내산업을 보호하는 산업보호주의가 부상했다. 외국제품 수입을 금지·규제하거나 수입품에 높은 관세를 매기는 것이 산업보호주의다. 대략 이러한 흐름으로 중상주의의 구체적인 내용도 변화하는데, 핵심은 국가가 경제에 강하게 개입해 국가의 부를 축적하는 데 있다.

중상주의의 사고방식은 거칠게 표현하자면 어민의 심리에 빗댈 수 있다. 어민은 농민과 사고방식이 다르다. 어민의 입장에서 보자면 물고기는 이른바 바닷속을 헤엄치는 1만 엔짜리 지폐 같은 것으로, 바다에 그물을 치면 얼마든지 잡아 올릴 수 있다. 누워서 떡 먹기처럼 손쉬운 상황이 눈앞에 펼쳐지는 것이다. 중상주의도 마찬가지다. 바다에만 나가면 이익을 얻을 수 있으며, 여기에 국가가 스폰서 역할을 담당하는 것이 중상주의다. 나는 중상주의의 사고방식을 즉각적으로 이해하는 데 가장 적절한 문헌으로 《걸리버 여행기_Gulliver's Travels_》를 꼽는다. 걸리버가 무슨 이유로 대인국과 소인국 같은 미지의 나라로 떠났는가 하면, 진귀

한 것을 가지고 돌아온 다음 그걸 팔아 치워 이익을 얻고자 했기 때문이다.

영국 패권의 시대

중상주의를 최초로 폐기한 국가는 산업혁명이 가장 먼저 일어난 영국이었다. 산업혁명을 통해 강력한 힘을 얻은 산업자본가들은 국가의 규제가 거추장스러워지기 시작했다. 이에 그들은 자유주의적인 개혁을 요구했고, 19세기 중반에는 자유무역을 확립했다. 이 시기 영국은 압도적인 해군의 힘과 경제력을 지닌 패권국가였다. 부와 생산력 면에서 챔피언 자리에 있었으므로 불필요한 규제 따위가 없는 자유경쟁이 가장 유리했다. 고성능 자동차에 속도제한이 방해인 것과 마찬가지다. 그와 동시에, 제국주의 시대에 다른 국가보다 먼저 진입한 영국은 시장을 확대하기 위해 아시아와 라틴아메리카, 아프리카에 일방적으로 자유무역을 강요하는 한편 이들 지역의 식민지화를 진행했다.

그러나 1870년대에 접어들며 영국의 압도적인 힘도 기울기 시작했다. 당시 철강과 내연기관, 전기 등의 분야에서 기술혁신이 일어나 중화학 분야에 공업화가 진행되었는데, 영국은 섬유공업에서 성공을 거둔 상태라 중화학공업으로 전환이 늦었다. 그런 까닭에 중화학공업에서는 독일이 영국보다도 눈부신 발전을 이루었다. 나아가 19세기 말에는 미국이 세계 최고의 공업국가로 거듭났다. 어느 면으로 보나 패권국가인 영국의 존재감은 이 시기부터 약화되었다. 이와 궤를 같이해 영국 주도의 자유주의 시대는 끝을 고하고, 제국주의 시대가 찾아왔다.

자본주의와 제국주의의 관계

자유주의에서 제국주의로 전환이 일어날 즈음, 자본주의에는 무슨 일이 벌어졌을까? 이 변용을 날카롭게 고찰한 것이 블라디미르 레닌Vladimir Ilich Lenin의 《제국주의론*Imperialism*》이다. 레닌은 러시아의 마르크스주의자이자 혁명가로, 1917년 러시아혁명을 성공으로 이끌었으며 소비에트사회주의공화국연방을 창설한 인물이다. 레닌은 마르크스주의자였으므로 그의 논의는 당연히 마르크스의 《자본론*Das Kapital*》에 입각하고 있다. 그러나 마르크스의 《자본론》과 레닌의 《제국주의론》 사이에는 커다란 차이가 존재한다는 사실을 간과해서는 안 된다. 《자본론》이 고찰하는 것은 국가가 시장에 간섭하지 않는 순수한 자본주의 세계다. 그와 달리 《제국주의론》은 시장에 개입하는 국가의 기능을 중시한다.

《제국주의론》의 핵심을 한마디로 정리하면, 독점자본이 국가

와 결합하는 지점에 제국주의의 특징이 있다는 것이다. 레닌은
이 책에서 제국주의를 다음과 같이 다섯 단계로 정의했다.

(1)생산과 자본의 집적이 고도의 단계에 달해, 경제생활에서 결정
적인 역할을 수행하는 독점체를 형성하기에 이르렀다. (2)은행자
본이 산업자본과 융합해 '금융자본'을 이루고, 이를 기초로 금융과
두제가 형성되었다. (3)상품수출과는 구별되는 자본수출이 특별
한 중요성을 가진다. (4)국제적 독점자본가단체가 형성되어 세계
를 분할한다. (5)자본주의 거대열강에 의한 전 세계의 영토적 분할
이 완료된다. 요컨대 제국주의란, 독점체와 금융자본의 지배가 확
립되어 있고, 자본수출의 중요성이 현저하며, 국제 트러스트들 사
이의 세계분할이 시작되고, 자본주의 거대열강에 의한 지구상의
모든 영토분할이 완료된 발전단계에 있는 자본주의다.[10]

레닌은 이 다섯 단계를 구체적인 예를 들어 자세히 설명하는
데, 이를 좀더 이해하기 쉽도록 설명하면 다음과 같이 정리할 수
있다.

1단계에서는 자본의 집적과 집중에 의한 독과점이 출현한다.

---

[10] 블라디미르 레닌 지음, 남상일 옮김, 《제국주의론》, 백산서당, 1986.

영국 이외의 구미에서 산업혁명이 일어난 것은 19세기 전반부터였다. 이로써 구미의 여러 국가에서는 19세기 중반에 자본주의 경제가 확립되었다. 나아가 19세기 말에는 앞서 쓴 바와 같이 눈부신 기술혁신에 의해 제강·전기·화학·석탄·석유 등 중화학공업이 발전했다. 그와 더불어 거대한 생산설비가 필요해지면서 생산과 자본의 집적과 집중, 독점이 진행되었다. 다시 말해 거대기업이 중소기업을 합병·흡수해 생산 면에서나 자본(설비와 자금) 면에서나 거대기업의 독점화가 진행되었다는 의미다. 이처럼 거대기업은 국가에 영향을 미치게 되고, 국가도 외국과의 관계에서 자국의 자본을 보호하는 경향을 띤다.

2단계에서는 산업자본과 은행자본의 결합으로 금융자본의 우위를 초래한다. 은행에서도 비슷한 일이 벌어진다. 중소 규모의 은행이 대형은행(은행자본)에 편입되고, 대형은행은 거대기업(산업자본)과의 결합을 강화한다. 나아가 대형은행이 거대기업의 주주가 됨으로써 기업을 은행의 산하에 두기까지 한다. 레닌은 주식 발행이 금융 분야에서 과점을 강화한다는 점을 지적했다. 증권시장에 대한 대중의 진입장벽이 낮아진 현재의 일본에서도, 기관 투자가가 압도적인 영향력을 지닌다는 사실은 굳이 따로 설명할 필요조차 없을 것이다.

3단계에서는 상품수출과 구별되는 자본수출이 중요해진다.

자본수출이란, 외국 정부와 기업에 차관借款·공채·회사채의 형태로 자본을 빌려주는 간접투자와 외국에 공장이나 도로를 건설하는 직접투자를 가리킨다. 간접투자의 목적은 이자를 얻는 데 있으나, 대부분의 경우 빌려주는 자금으로 자국의 상품을 구입할 것을 조건으로 내건다. 또한 제국주의국가가 자본을 외국에 투자하는 목적은 현지의 저렴한 노동력, 낮은 땅값, 싼 원료를 써서 이윤을 획득하려는 것이다. 뒤집어 생각해보면 현재의 일본 정부와 기업은 아시아의 여러 국가에 적극적으로 자본을 수출하고 있다.

4단계에서는 다국적기업이 형성되어 국경의 제약에서 생겨나는 자본 간 알력을 회피한다. 레닌은 거대기업이 해외로 진출하면서 국경을 초월한 다국적기업이 탄생한다는 사실에 주목했다. 자원과 노동력은 국제적으로 불균등하게 존재하므로, 더욱 효율적인 생산을 위해 다국적기업이 생겨난다는 것이다. 다국적기업이 형성됨에 따라 자본은 국경의 제약에서 자유로워지는데, 이는 국가 기능 강화에 역행하는 움직임이다.

5단계에서는 주요 국가에 의한 세력권 분할이 완성된다. 국가가 강력한 군사력을 바탕으로 세계를 식민지나 보호령, 자치령 등으로 분할한다는 것이다.

사회주의가 자본주의의 개혁을 촉진했다

레닌의 논의를 읽으면 자본주의가 어떻게 바뀌는지를 잘 알 수 있다. 개인 소유의 회사가 주식회사로 발전하고, 이윽고 금융자본이 중심이 되어 제국주의를 탄생시킨다. 그 결과 상품이 아닌 자본수출이 주류를 차지하게 된다. 자본주의는 계속해서 시장을 찾아 외국에 진출하지만 대외 활동은 제국주의를 지향하는 국가 사이의 대립을 야기한다. 이는 제1차 세계대전으로 귀결되는 결과를 낳는다.

제1차 세계대전이 한창이던 1917년, 레닌의 지도하에 러시아혁명이 일어났다. 러시아혁명으로 소련식 사회주의체제가 완성되면서 자본주의도 다시금 변모했다. 구체적인 예로 냉전 시대의 자본주의를 들 수 있다. 무슨 뜻인가 하면, 제국주의로 거듭난 자본주의국가들은 전쟁이 끝난 후 사회주의혁명을 저지하기 위해 복지정책이나 실업대책 등 자본의 순수한 이윤 추구에 제동을 거는 정책을 마지못해 도입하게 되었다. 이윤이 조금 감소해도 자본주의를 지키려면 어쩔 수 없었던 셈이다. 요컨대 국가가 자본의 폭력을 제어하고, 그 결과 노동자에게 이익이 되는 행위를 취하게 된 것인데, 이는 선의에서 비롯된 조치는 아니었다. 사회주의에 맞서 자본주의 시스템을 유지하는 편이 국가로서는 이득이기 때문에 그렇게 했던 것이다. 이와 같이 국가가 자본에 강력히 개입하는 자본주의를 마르크스경제학에서는 '국가독점자본주의'라고 부른다.

실제로 냉전 시기인 1950년대부터 1970년대에 걸쳐 자본주의 진영은 전례 없는 경제적 번영을 맞이했다. 홉스봄은 이 시대를 '황금 시대'라 부르는데, 황금 시대는 동시에 복지국가의 시대이기도 했다. 국가의 대규모 공공사업과 인심 후한 복지정책을 바탕으로 실업률은 낮아지고 수많은 노동자가 풍족한 생활을 누릴 수 있게 된 것이다. 일본의 고도경제성장 시대도 이 시기에 해당한다. 일부 독자들은 사회주의가 자본주의에 대항하는 개념이라는 이미지를 가지고 있을 것이다. 그러나 그것이 전부는 아니다. 결과를 놓고 보자면, 사회주의는 자본주의가 스스로 개혁할 수 있도록 촉진하는 역할 또한 담당했다.

그러나 소련이 붕괴하면서 동서 냉전이 종결된 1991년 이후 상황은 크게 달라졌다. 이때부터 미국의 패권이 완전히 확립되기 시작했다. 그리고 이 시기부터 인력과 자원이 국경을 초월해 자유로이 이동하는 세계화가 점차 속도를 높여갔다. 구체적으로 보면 복지국가 노선이 막다른 길에 다다르자 신자유주의가 주도권을 쥐게 되었다. 신자유주의란, 정부에 의한 사회보장과 재분배는 극도로 배제하고 기업과 개인의 자유경쟁을 추진함으로써 최대한의 성장과 부의 효율적인 분배가 달성된다고 보는 경제학적인 입장을 가리킨다. 1980년을 전후로 영국의 대처 정권, 미국의 레이건 정권, 일본의 나카소네 정권 등 신자유주의적인 정권이 차례로 탄생했고, 1980년대를 거치면서 신자유주의는 세계화와 결합해 사회주의와 격차를 계속해서 벌리게 되었다.

신제국주의 시대의 시작

2000년대 들어 브릭스BRICs를 비롯한 신흥국가들의 경제가 급성장함에 따라 미국의 존재감이 낮아졌다. 2001년 9월 11일에 일어난 동시다발 테러, 2008년 가을의 리먼 브라더스 사태는 군사와 경제 양방에서 미국의 약화를 전 세계에 알리는 계기로 작용했다. 개인적으로 이 2008년 즈음을 경계로 국제정세의 조류가 달라지면서 신제국주의 시대로 돌입했다고 생각한다.

리먼 브라더스 사태가 벌어지기 직전인 2008년 8월에 러시아-조지아전쟁이 발발했다. 그 경위를 간단히 설명하자면, 먼저 조지아가 자국 내의 남南오세티야 자치공화국에 대한 실효지배를 회복하려고 했다. 이 남오세티야 자치공화국에는 러시아 군이 주둔해 있는 상태였다. 당시 미하일 사카슈빌리Mikhail Saakashvili 조지아 대통령은 미국의 부시 정권과 관계가 돈독했기 때문에 군대를 남오세티야 자치공화국으로 파병해도 러시아가 묵인하리라는 희망적인 관측을 하던 차였다.

그러나 막상 뚜껑을 열자, 러시아는 조지아를 향해 과잉이라 표현해도 될 법한 반격에 나섰다. 남오세티야 자치공화국에서 조지아군을 몰아내는 데 그치지 않고 남오세티야 자치공화국 바깥에 자리한 고리 시(스탈린Iosif Vissariovich Stalin이 나고 자란 곳)를 공격했다. 나아가 시베리아·카스피 해의 석유를 유럽으로 수출하는 거점인 항구도시 포티를 공중폭격까지 했다.

전쟁 결과, 러시아는 자국의 안전보장을 담보하기 위해 남오세티야와 압하지야를 '독립'시켜 완충지대를 조성했다. 나는 이 러시아-조지아전쟁 이후 국제질서가 근본적으로 변화했다고 생각한다. 다시 말해 무력으로 국경을 변경하지 않는다는 국제적인 규칙이 이때 균열을 드러냈던 것이다.

오바마 정권의 제국주의 외교

2008년을 경계로 세계가 신제국주의 시대로 돌입했다는 증거는 얼마든지 꼽을 수 있다. 피너클 제도[11]와 스프래틀리 제도, 파라

---

[11] 동중국해 남서부에 위치한 군도로, 타이완과 류큐 제도 사이에 있다. 일본에서는 '센

셀 제도[12]를 둘러싼 중국의 영유권 주장과 방공식별구역 설정이 구체적인 사례다. 우크라이나 위기, 러시아의 크림 반도 합병도 마찬가지다. EU 회원국 또한 한때 그들이 종주국이었던 동남아시아에 잇달아 투자하며 영향력을 강화하고 있다.

오바마 정권도 눈에 보이지 않는 제국주의의 길 위에서 돌진하는 중인데, 그 상징적인 지역이 남수단과 미얀마다. 2011년 석유 자원이 풍부한 남수단을 독립시킨 것은 오바마 정권의 공작이었다. 중국이 남수단의 석유 이권을 무리하게 개발하려 하자 오바마 정권이 남수단에 미국의 괴뢰국가를 세웠던 것이다. 중국이라면 석유 개발로 생기는 자금이 이슬람 과격파로 흘러들어가는 것을 저지할 수 없으리라는 우려도 있었을 것으로 보인다.

미얀마는 2012년에 오바마 대통령이 방문한 이후 미국과 관계가 급격히 호전되었다. 중국의 서쪽에 위치한 미얀마는 중국

카쿠 열도, 중국에서는 '댜오위다오 열서'라 부른다. 현재 일본의 실효 지배 아래에 있으나 중국과 타이완이 각기 영유권을 주장하고 있어 분쟁이 끊이지 않는 지역이다. 2012년 일본이 이 지역을 국유화할 방침을 세운 후 분쟁은 더욱 심해졌으며, 2013년에는 중국이 동중국해 상공을 방공식별구역으로 선포하기도 했다.

[12] 남중국해에 위치해 있다. 스프래틀리 제도의 경우 중국·타이완·말레이시아·베트남·브루나이·필리핀, 파라셀 제도의 경우 중국·타이완·베트남이 각기 영유권을 주장하고 있다. 2016년 2월 미국은 중국이 남중국해에 방공식별구역을 설정하지 말 것을 경고한 바 있다.

에게는 생명선과도 같다. 중일전쟁에서 일본은 장제스 정권의 중국과 전쟁을 벌였다. 장제스가 이끄는 국민정부는 일본군에 눌려 내륙인 충칭重慶으로 이동했는데, 당시 원장援蔣루트라 불리는 물자 수송로를 통해 병기·식량 등이 영국령 인도제국에서 충칭으로 운반되었다. 그 가운데는 미얀마를 거치는 루트도 있었다.[13] 요컨대 오바마 정권은 미얀마를 친미 국가로 삼아 지난날의 원장루트를 틀어막았고, 미국의 양해 없이는 중국이 서쪽에 있는 인도양으로 나갈 수 없도록 했으며, 이란에서 파이프라인을 끌어오는 것도 불가능하게 만들었다.

패권국가의 약화가 제국주의를 초래한다

지금까지 세계사의 사건들을 정리하며 구제국주의 시대에서 신제국주의 시대로 이어지는 굵직한 흐름을 더듬어보았다. 이 흐름 안에서 어떠한 아날로지를 찾아낼 수 있을까? 자유주의의 배후에는 언제나 패권국가가 존재하며, 패권국가가 약화하면 제국주

---

[13] 원장루트란 '장제스를 지원하는 통로'라는 의미이며, 이 원장루트 가운데 하나인 버마루트는 오늘날 미얀마의 라시오Lashio에서부터 중국의 쿤밍昆明에 이르는 약 1,096킬로미터의 수송로를 가리킨다.

의 시대가 찾아온다는 것이 핵심이다. 영국이 패권국가였던 시절은 자유무역 시대였다. 그러나 영국이 약해지자 독일과 미국이 대두했고, 군웅할거의 구제국주의 시대가 도래했다. 그 후 두 차례의 세계대전과 소련 붕괴를 거쳐 미국이 압도적인 패권국가로 군림했다. 그러나 2001년의 동시다발 테러와 리먼 브라더스 사태를 거치며 미국의 약화가 뚜렷해지자, 러시아와 중국이 군사력을 바탕으로 국익을 노골적으로 주장하게 되었다. 그 결과, 지난날의 구제국주의를 반복하는 신제국주의 시대가 도래했다.

신·구 제국주의의 다른 점

다만 현대의 신제국주의는 구제국주의와 다른 점이 있다. 19세기 말부터 20세기 초까지 구미 제국주의 열강은 앞다투어 군비를 확장했고, 식민지를 얻기 위한 전쟁을 되풀이했다. 그 결과가 제1차 세계대전이다. 이와 달리 21세기 신제국주의는 식민지를 필요로 하지 않는다. 이는 인류가 문명화되어서가 아니라, 식민지 유지비용이 높아졌기 때문이다. 또한 신제국주의는 전면전을 꺼리는 경향이 있다. 전면전으로 인해 공멸할 경우를 우려하기 때문이다. 식민지를 두지 않으며 전면전을 피하고자 하는 것이 신제국주의의 특징이다.

그러나 신제국주의 시대가 되었어도, 외부에서의 착취와 수탈을 통해 생존을 도모한다는 제국주의의 본질과 행동양식은 변하지 않았다. 제국주의국가는 상대국의 입장을 고려하지 않고서 요구를 최대한 관철시킨다. 상대가 움츠러들고 국제사회도 침묵한다면 제국주의국가는 자국의 권익을 확대하려는 움직임을 강행한다. 이와 달리 상대국이 저항하고 국제사회의 비난도 거세지면 제국주의국가는 한 발짝 물러서 국제 협조로 돌아선다. 제국주의를 반성했기 때문이 아니다. 자국의 권익을 그 이상 일방적으로 주장하다가는 국제사회의 반발이 심해져 결과적으로 자국이 손해를 입을 상황을 계산했기 때문이다. 그러므로 제국주의가 국제 협조에서 다시금 야망을 드러내는 방향으로 노선을 변경할 위험성이 언제나 존재한다고 할 수 있다. 상대국이 약해지고 국제 여론의 조류가 바뀌어 자국의 권익을 확장할 기회를 항상 엿보고 있는 것이다.

세계화 이후, 국가 기능은 강화된다

여기서 또 하나의 중요한 아날로지를 지적하고자 한다. 바로 제국주의 시대에 국가 기능이 강화된다는 사실이다. 국가 기능이 강화되는 커다란 요인으로 세계화를 꼽을 수 있다. 19세기 후반은 세계화의 시대였다. 19세기는 '이민의 시대'라 불렸으며, 수천만 명이라는 사상 초유의 규모로 이민자가 생겨났다. 국경을 넘나드는 자본의 이동도 활발해졌다. 한편 세계화가 진행됨에 따라, 구미 열강은 권익을 확대하기 위해 독점자본과 결합해 힘에 의한 시장 확대와 약소국의 식민지화를 목표로 하게 되었다. 냉전이 붕괴한 이후에도 마찬가지였다. 국가에는 폭력성이 강화되는 시기와 희박해지는 시기가 존재한다. 냉전이 붕괴한 이후 경제 영역에서 세계화가 진행되는 가운데 국가의 개입이 줄어든 것은 사실이다. 하지만 그렇다고 세계가 평등해져서 순수한 자본주의만으로 이루어진 경제 환경이 조성되는 것도 아니다. 도리어 세계화가 극단적으로 진행된 현재는, 국가 기능을 강화하는 방향으로 움직이고 있다.

국가의 생존 본능에서 보자면, 세계화는 국가의 존립 기반을 위태롭게 한다. 글로벌 자본주의가 과도하게 강력해지면 국가의 징세 기능이 약화되기 때문이다. 이를테면 다국적기업은 가능한 한 세금을 내지 않을 요량으로 영국령 케이맨 제도같이 법인세율이 낮은 조세회피지역tax haven에 페이퍼컴퍼니를 설립하고 그쪽으로 수익을 돌리고자 할 것이다. 징세 기능의 약화는 국가의 기반을 위태롭게 하므로, 어떤 국가든 국가 기능을 강화하는 쪽으로 기운다. 2013년에 개최된 주요 8개국 정상회담에서는 다국적기업의 조세 포탈을 방지하기 위한 국제 협조 내용을 공동선언에 담았다.

국가는 본질적으로 자기 보존 기능을 가지고 있다. 자기 보존을 위해서는 폭력을 행사하는 일도 마다하지 않는다. 글로벌 경제가 침투한 결과, 선진국에서는 격차가 확대되고 임금도 낮아지는 추세다. 이는 사회불안으로 이어지는데, 국내에서 사회불안이 증대하면 국가는 국가 기능을 강화한다. 그러한 의미에서 세계화가 진전된 끝에 당도할 제국주의 시대에 국가 기능이 강화되는 것은 필연이라고 할 수 있다.

일본이 무기 수출 3원칙을 완화한 이유

일본은 어떨까? 일본 또한 신제국주의 시대의 기수라는 점은 변함이 없다. 이를 실증할 구체적인 예를 들고자 한다. 바로 무기 수출 3원칙[14]을 완화해 잠수함 판매에 적극적으로 나선 일이다.

---

[14] 공산권, 유엔 결의를 통해 무기 금수조치가 내려진 국가, 분쟁지역으로 무기 수출을 금지한다는 내용이다. 무기 수출을 삼가야 할 뿐 수출 자체를 금지한 것은 아니었으나 원칙적으로 무기 및 무기 제조기술, 무기 전용이 가능한 물품 수출을 일체 금지해 왔다. 그러나 2014년 '방위 장비 이전 3원칙'이 각의 결정됨에 따라, 기본적으로 무기 수출입을 인정하며 이를 금지해야 할 경우 그 내용과 심사를 규정하는 내용을 담게 되었다.

일본의 디젤 잠수함은 전 세계에서 가장 성능이 좋은 잠수함 중 하나라고 평가받는다. 그리고 현재 잠수함을 구입하고 싶어 하는 국가는 오스트레일리아다. 오스트레일리아는 낡은 무기만을 보유하고 있다. 그도 그럴 것이, 오스트레일리아가 직접 겪은 타국의 위협이라고는 제2차 세계대전 중에 일본이 가한 공중폭격뿐이었기 때문이다. 그 후로는 외침을 겪은 적이 없다. 그러나 지금은 중국이 해군력을 증강하고 있는 까닭에, 오스트레일리아도 해군을 강화할 수밖에 없는 상황이다. 특히 중국이 태평양 함대를 강화해 항공모함을 보유하자 오스트레일리아에서도 이를 견제할 수 있는 잠수함이 필요해졌다. 하지만 오스트레일리아는 미국에게서 잠수함을 구입할 수 없다. 미국은 이제 원자력 잠수함만 생산하며 디젤 잠수함을 더는 만들지 않는다. 오스트레일리아는 비핵화정책을 취하고 있으므로 원자력 잠수함을 구입할 수 없다.

그렇다면 어떻게 해야 할까? 현재 잠수함을 판매하는 국가는 독일·네덜란드·스웨덴 정도인데, 크기나 성능 면에서 중국을 견제하기에는 부족하다. 태평양 곳곳을 누빌 수 있는 디젤 잠수함을 생산하는 국가는 러시아와 일본뿐이다. 하지만 안전보장상의 이유 때문에 러시아의 잠수함을 구입할 수도 없다. 따라서 선택지에는 필연적으로 일본만이 남는다. 그렇기 때문에 일본은 무기 수출 3원칙을 완화해 오스트레일리아에 잠수함을 판매하기로 했다. 이것이 신제국주의 시대의 외교다. 이렇게 신제국주의는 경제의 군사화와 결합하게 된다.

자본주의의 본질을 역사에서 찾다

노동력의 상품화

이제부터는 자본주의의 본질을 생각해보자. 그럼으로써 신제국주의 시대를 더 깊게 이해할 수 있기 때문이다. 자본주의의 기원과 본질에 관해서는 이미 헤아릴 수 없이 많은 주장과 분석이 나와 있다. 그러나 내가 보기에 자본주의를 일관되게 설명하고 있는 이론은 현재로선 하나뿐이다. 바로 마르크스경제학이다.

지금부터 자본주의를 설명하고자 하는데, 기본적으로 마르크스의 《자본론》과 그 《자본론》을 해석한 우노 고조宇野弘藏[15]의 경제학을 기본으로 삼을 예정이다. 우노 경제학을 선택한 이유는 자본주의가 성립하는 논리를 사회주의 이데올로기를 배제하고 순수하게 밝혀냈기 때문이다. 한때 내가 몸담았던 외교의 세계에서는 특정 대상을 분석할 때 이데올로기에 현혹되지 않고서 상대나 대상이 어떠한 의도와 논리로 행동하고 있는가를 파악하는 것이 중요했다. 이를 '대상의 내재적 논리를 안다'라고 표현한다. 우노 또한 자본주의의 내재적 논리를 가려냈다고 생각한다.

각설하고, 가장 중요한 점부터 먼저 설명할까 한다. 마르크스는 자본주의사회의 본질이 무엇이라고 생각했을까? 노동력의 상품화가 그 답이다. 노동력이 상품이 되려면 '이중의 자유'가 있어야 한다. 첫 번째로는 신분 제약이나 토지의 구속에서 벗어나 자유로이 이동할 수 있어야 한다. 이는 계약을 거부할 자유가 있다는 의미이기도 하다. 두 번째로는 자신의 토지와 생산수단을 가지고 있지 않아야 한다. 이를 생산수단으로부터의 자유라 부른다. 토지에 얽매여 있지 않아 자유롭게 이동할 수 있다. 하지만 토지나 생산수단은 가지고 있지 않다. 이를테면 대학을 졸업한 일

---

15 일본의 경제학자. 도쿄대학교에서 〈공황론〉으로 경제학 박사 학위를 받았다. 유물사관이나 사회주의 이데올로기와는 분리된 경제학을 확립했다. 일본 내 마르크스경제학에 큰 영향을 주었으나, 정작 우노 자신은 "나 스스로가 마르크스주의자이기는커녕 넓은 의미에서의 사회주의자라고도 여긴 적은 없습니다"고 밝힌 바 있다.

본 학생은 누구나 이중의 자유가 있다. 그들은 어떻게 생계를 꾸릴까? 자신의 노동력을 상품화해서, 즉 노동력을 팔아 생활한다.

그렇다면 노동력을 상품화할 때 노동력의 가치인 임금은 어떻게 결정되는가? 여기에는 세 가지 요소가 있다. 이를테면 한 달치 임금이라 할 경우, 노동자가 다음 한 달을 일할 수 있을 만큼의 체력을 유지하기에 족해야 한다는 것이 첫 번째 요소다. 식료품 구입을 포함한 식비·주거비·의류비·여가생활비 등이 그 내역에 해당한다. 두 번째 요소는 노동자계급을 재생산할 돈이다. 임금에는 가족을 꾸리고 아이를 키우며 노동자로서 일할 수 있도록 만드는 돈이 포함되어야 한다. 또한 자본주의사회의 과학기술 진보에 맞추어 노동자는 스스로를 교육해야 한다. 이를 위해서는 돈이 필요한데, 이것이 세 번째 요소다. 임금은 이 세 가지 요소에 의해 결정된다. 이와 같은 사고는 마르크스가 이룬 최대의 공헌이며, 여전히 건재하는 중요한 기초 이론이다.

왜 영국에서 노동력의 상품화가 일어났는가

앞의 설명을 바탕으로 근대 자본주의의 진행과정을 세계사 속에서 탐색해보자. 노동력의 상품화는 언제 어디서 어떻게 일어났을까? 결론부터 말하자면 노동력의 상품화는 역사적인 우연에

의해 영국에서 일어났다. 15, 16세기에 벌어진 인클로저enclosure
가 계기였다. 당시 유럽은 지독한 추위가 한창일 때였다. 그로 인
해 유럽 전역에서 모직물 수요가 급격히 증가했는데, 때마침 영
국은 모직물 산업의 성장기를 맞이한 상황이었다. 양털로 스웨터
나 코트를 생산하면 불티나게 팔렸다. 스웨터를 대량으로 생산
하기 위해서는 대량의 양털이 필요했다. 그래서 영국에서는 영주
나 지주가 농민을 내쫓고 대신 양을 키우기 시작했다. 이때 농지
주위에 산울타리나 담을 둘러쳐서 목장으로 바꾸었으므로 이를
의미하는 '인클로저'라 부르게 된 것이다.

내쫓긴 농민들은 도시로 흘러들었다. 그들은 신분 제약이 없
었으며 토지나 생산수단도 가지고 있지 않았다. 앞서 언급한 이
중의 자유에 해당한다. 요컨대 자신의 노동력을 팔 수밖에 없게
된 것이다. 그들은 모직물 공장에 하나둘씩 고용되었다. 이것이
영국에서 일어난 노동력의 상품화다.

노동력을 사는 사람은 물론 자본가다. 자본가가 시급 1,000엔
으로 노동자를 고용하는 이유는 무엇일까? 1,000엔으로 노동자
를 고용함으로써 그 이상의 돈을 벌어들일 수 있기 때문이다. 이
를테면 1,000엔으로 노동자를 고용해 1,500엔의 수익을 낸다고
가정하자. 그 가운데 500엔은 자본가에게 돌아간다. 2,000엔의
수익이 발생하면 1,000엔이 자본가의 수중으로 떨어진다. 임금

은 앞서 기술한 세 가지 기준으로 결정되므로 수익이 늘어난들 더 많은 돈이 노동자에게 분배되지는 않는다. 노동자계급의 재생산에 필요한 금액이 임금으로 지불될 뿐, 노동자의 임금은 자본가가 벌어들인 수익을 분배하는 것이 아니다. 이것이 마르크스 《자본론》의 핵심이다.

스페인에서 자본주의가 탄생하지 않은 이유

이처럼 노동력의 상품화가 성립하면 자본가와 노동자 사이에서 노동력을 매매하는 자본주의 시스템이 작동하기 시작한다. 이로써 이윤은 증대하고, 노동자가 재생산됨으로써 자본주의가 돌아가는 것이다. 결국에는 어떤 우연 때문에, 영국의 모직물 산업에서 생겨난 현상이 다른 산업까지 전부 석권하고 말았다. 이를 근대 자본주의의 정체라고 보면 적절할 것이다. 요컨대 노동력의 상품화가 일어나는 한, 지역과 종교를 불문하고 자본주의는 성립한다. 자본주의가 보편적인 경향을 띠는 것은 그 때문이다. 구소련과 북한은 어떨까? 이들 국가에서 노동력은 상품화의 대상이 아니다. 북한 노동자에게는 이동의 자유가 없다. 노동자가 일할 곳을 국가가 지시하며, 노동자에게는 지시받지 않은 곳에서 일할 자유가 없다. 구소련에서도 마찬가지였다. 그러므로 노동력의 상품화가 형성되지 않는다. 국가에 의한 강제노동이 존재할 따름이다.

다음과 같은 의문을 품을 수도 있을 것이다. 대항해 시대에 스페인과 포르투갈은 신대륙에서 대량의 금은을 약탈했다. 그렇다면 왜 그때 그곳에서는 자본주의가 탄생하지 않았을까? 여러 원인이 있을 것이다. 그중에서도 가장 중요한 요소는, 스페인과 포르투갈의 부자들은 낭비를 일삼은 데다 수도원이나 교회에 금은을 희사喜捨하고 말았다는 점이다. 그들은 영원한 생명을 보증해달라거나 천국에 갈 권리를 얻고 싶다는 식의 말을 건넸고, 가톨릭교회는 그 대가로 계속해서 돈을 받았다. 그렇게 생긴 돈을 호화로운 새 교회를 짓거나 먹고 마시는 데 써버렸다. 따라서 산업자본이라는 형태의 부가 축적되지 못했다.

스페인의 뒤를 이어 해상 패권을 장악한 국가는 네덜란드였다. 네덜란드는 부를 쌓았지만 자본주의를 선도할 수는 없었다. 그 이유로는 지리적인 요소가 컸다. 만일 당시 네덜란드가 양이 생존하기에 알맞고 양모 산업이 가능한 풍토였다면 네덜란드에서 먼저 노동력의 상품화가 생겨났을지도 모른다. 영국은 목초를 재배하기에 적합한 토지가 있었던 데다 스페인과 포르투갈이 가톨릭국가였던 것과 달리 칼뱅Calvin파 프로테스탄티즘이 들어서 있었기 때문에 독특한 에토스ethos(윤리)가 존재했다. 따라서 금욕적으로 부를 축적해 다시금 투자하는 일이 가능했다. 공장을 지어 기계를 도입하고, 상품화된 노동력을 사서 이익을 내는 구조를 창출할 수 있었다는 이야기다.

인도의 캘리코가 산업혁명을 낳았다

인클로저 이야기를 했으니 산업혁명도 함께 언급하겠다. 영국에서는 중상주의가 부의 축적을 가능하게 했고, 인클로저가 노동력의 상품화를 성립시켰다. 그러나 이것만으로는 산업혁명이 일어나지 않는다. 산업혁명이란, 기술혁신에 의해 기계를 이용한 대량생산이 가능해졌음을 뜻한다. 산업혁명은 18세기 후반 영국의 면직물 공업에서 시작되었다.

앞서 인클로저를 설명하면서 당시 영국은 모직물 산업의 성장기였다고 이야기했다. 실제로 16, 17세기 영국에서 모직물은 가장 중요한 산업이었다. 이 흐름에 변화가 생긴 것은 1600년에 동인도회사가 설립되어 인도와 무역을 시작하면서다. 그 후 인도에서 캘리코calico라 불리는 면직물이 수입되어 17세기 후반부터 영국에서 폭발적인 인기를 얻었다.

캘리코는 모직물과 비교했을 때 가볍고 흡습성도 높다. 세탁하기도 편해서 의류와 속옷, 식탁보 등 각종 직물 제품에 두루 쓰였다. 영국 내 모직물 제조업자의 입장에서 캘리코는 위협적이었다. 캘리코만 팔리는 지경이었으므로 모직물 가게는 파리만 날렸다. 이는 결국 정치 문제로 번졌고, 의회에서 캘리코 수입 금지와 사용 금지에 관한 법률을 제정했으나 역효과만 냈다. 캘리코는 더욱 잘 팔렸다. 상황이 이렇게 되자 영국에서도 캘리코에 대항하기 위해 면직물을 만들 수밖에 없었다. 게다가 캘리코와 경쟁해서 이길 수 있으려면 대량으로 생산해 싸게 팔아야만 했다. 이 캘리코라는 수입 제품과 경쟁에서 승리하기 위해 시작된 것이 산업혁명으로, 이후 면직물을 생산하기 위한 방적기와 직기가 잇달아 발명되었다.

공황은 자본의 과잉으로 일어난다

18세기 영국에서 확립된 자본주의의 규칙이 자유주의였다는 점은 앞에서 설명했다. 한 발 앞선 산업혁명으로 공업 면에서 압도적인 힘을 소유하게 된 영국은 '세계의 공장'이라 불리며 19세기 중반까지 번영을 구가했다. 그러나 1873년, 전에 없던 대불황이 구미를 덮쳤고 영국 경제도 커다란 타격을 입었다. 도산과 실업도 확대되었다. 이 1873년에 시작된 대불황은 소규모의 공황을 반복하며 1896년까지 이어졌다.

불황이니 물건이 팔릴 리가 없었다. 동시에 이 시기는 중화학공업이 발흥하는 제2차 산업혁명 시대와 겹쳤기 때문에, 레닌이 분석한 것처럼 생산과 자본의 집중이 진행되어 자본주의는 독점자본주의로 변모했다. 이제 어떤 일이 벌어질까? 거대기업은 국가와 결탁해 해외시장과 식민지를 확대하고자 했다. 요컨대 1873년의 대불황이 계기로 작용해 구미 열강에 제국주의가 급속히 형성되어간 셈이다.

이쯤에서 공황을 간단히 설명하고자 한다. 공황을 설명하는 이론은 과잉생산설이라든가 과소소비설 같은 다양한 설이 존재한다. 더 오래된 설로는 태양흑점설도 있다. 19세기 후반에 제창된 설로, 태양의 흑점 활동과 경기 순환이 연동되어 있다는 이론이었다. 그 가운데 내가 보기에 가장 설득력이 높은 것은 우노고조가 주장한 자본과잉설이다.

자본과잉이란 무엇인가. 자본주의경제 안에서는 물건이 점점 더 많이 팔리면 더 많이 생산해야 한다. 생산을 늘릴 경우 재료는 금세 조달할 수 있지만, 그럴 수 없는 것도 있다. 바로 노동력이라는 상품이다. 그러면 상황이 어떻게 전개될까? 노동력의 가치가 높아지므로 임금이 상승한다. 그러나 어느 수준까지 임금이 상승하면 생산을 해도 이득을 얻을 수 없어 공황이 발생한다. 이를 마르크스경제학 용어로 '자본과잉'이라 부른다. 즉 돈은 있으나 노동력이 너무 비싸서 상품을 제조해도 수익이 남지 않는 것이다. 근대 경제학에서 말하는 코스트 푸시cost-push다.

생산해도 수익이 남지 않는다면 의미가 없다. 그 결과 자본가는 노동자를 고용하지 않게 되고, 고용한다 하더라도 도산하는 상황에 빠진다. 그 후에는 어떻게 될까? 회사 안에서 머리가 좋은 사람이 기술혁신을 일으킨다. 회사가 어떻게 하면 노동력을 사용하지 않고도 같은 상품을 만들 수 있을까를 고민하고, 기계를 도입하거나 생산공정에 변화를 주는 등 더욱 적은 노동력으로 생산이 가능하도록 한다. 그렇게 하면 이 기술혁신을 일으킨 회사는 그 기술혁신이 널리 보급되기 전까지 단기간은 시장을 독식할 수 있다. 그 후 다른 회사에도 마찬가지로 기술혁신이 확산되면, 산업 전체의 생산성이 오르므로 다시금 호황이 찾아온다. 그러나 호황으로 인해 임금이 오르기 때문에 또다시 공황에 빠진다. 이러한 식으로 공황과 기술혁신을 되풀이하면서 자본주의는 마치 영원히 존속할 것처럼 이어진다. 이것이 우노 고조의 생각이었으며, 자본주의사회의 내재적 논리다.

공황은 사회적인 부담을 가중시킨다. 따라서 어떻게 해야 공황을 피할 수 있을 것인지가 근대 자본주의의 과제가 된다. 가장 손쉬운 공황 회피책은 전쟁이다. 제2차 세계대전 후 미국에서 본격적인 공황이 발생하지 않은 이유는 미국의 공공사업에 전쟁

이 편입되었기 때문이다. 한국전쟁과 베트남전쟁은 미국의 공공
사업이었고, 그에 협력한 일본 또한 적어도 '버블'이 붕괴하기 전
까지는 공황에 가까운 불황을 겪지 않았다.

보호주의의 대두

불황을 겪은 영국은 1870년대부터 적극적으로 식민지 확대를 지
향하게 되었다. 여기에 앞장섰던 이가 보수당의 벤저민 디즈레일
리Benjamin Disraeli다. 영국 총리였던 디즈레일리는 1875년에 수에
즈운하 주식을 매수해 이집트를 식민지로 삼기 위한 발판을 만
들었다. 1877년에는 인도제국을 성립시켜 영국이 인도를 직접
지배할 수 있게 했다. 나아가 19세기 말에는 남아프리카전쟁을
일으켜 남아프리카 일대를 식민지화했다.

　한편 독일과 미국은 불황에 대처하기 위해 관세율을 올리는
등 보호무역을 강화함으로써 자국 산업의 발전을 추진했다. 그
결과 공업 생산에서 영국을 능가하게 되었다. 나아가 두 나라는
1890년대부터 해외 진출을 꾀하기 시작했다는 점에서도 공통점
이 있다.

　제국주의 시대에 보호주의가 대두한다는 사실 역시 현대의 신
제국주의를 이해하려 할 때 유용한 아날로지로 적용해볼 수 있

다. 현재 미국·영국·독일·프랑스 등과 같은 선진 자본주의국가는 겉으로 자유무역체제 옹호를 외치면서도 보호주의로의 전환을 교활하게 도모하고 있다. 러시아의 블라디미르 푸틴Vladimir Putin 총리는 유라시아공동체 창설을 제창하고 있는데, 이는 이른바 '대동아공영권大東亞共榮圈' 형태의 경제블록이다. 환태평양경제동반자협정 또한 본질은 블록경제다. 미국이 진심으로 자유무역을 추구하고자 한다면 세계적인 규모로 세계무역기구WTO 시스템을 강화하면 그만일 터다. 자유무역이라는 보편적인 시스템 안에서 아시아태평양 지역이라는 한정된 영역에 환태평양경제동반자협정이라는 특별한 규칙을 적용한다는 발상 자체가 광역을 단위로 한 보호주의라고 여기는 편이 좋다.

교과서에 기술된 제1차 세계대전의 원인

1870년대에 시작된 제국주의 열강의 대립은 결국 제1차 세계대전으로 귀결되었다. 제1차 세계대전은 1914년 6월 28일, 오스트리아–헝가리제국의 황태자였던 프란츠 페르디난트Franz Ferdinand가 황태자비와 함께 사라예보(당시 오스트리아령이었으며 현재는 보스니아 헤르체고비나)에서 세르비아의 민족주의자 청년에게 암살당한 사건을 계기로 시작되었다고 알려져 있다. 그러나 여러 연구가 거듭되어온 현재에도 진짜 원인은 밝혀내지 못했다. 일본 역사 교과서에는 어떻게 기술되어 있을까?《상설세계사》에서 해당 부분을 인용해보자.

제1차 세계대전은 식민지·종속지역을 둘러싼 열강 사이의 제국주의적 대립을 배경으로, 영국과 독일의 패권 다툼에서 비롯되었다. 그러나 전쟁이 장기에 걸친 총력전 양상을 띠었고, 참전했던 각 국가에 큰 사회변동이 일어났으며, 국민의식이 변화하자 낡은 정치체제와 자유주의적인 사회·경제정책은 근저에서부터 흔들렸다. 유럽 열강은 영토와 이권 배분을 중심으로 하는 비밀외교에서 벗어나지 못했으나, 소비에트러시아와 미국은 전후의 새로운 국제질서 이념을 제창하며 사람들의 기대를 모았다. 제1차 세계대전의 결과, 국민 다수의 합의에 기초한 정치가 주류를 차지했으며 국가가 강력한 힘으로 경제에 개입하고 사회정책을 지도하는 경향이 강해졌다. 또한 전쟁으로 곳곳이 파괴되고 다수의 인명손실이 일어난 일은 유럽 중심주의적인 사고방식이나 역사의 진보관, 근대 과학과 기술에 대한 낙관적 신뢰를 뒤흔들었으며 아시아와 아프리카 식민지 사람들의 자립에 대한 자각과 기대 또한 높였다.[16]

---

16 木村靖二·佐藤次高·岸本美緒, 앞의 책.

《상설세계사》는 '영국과 독일의 패권 다툼'을 제1차 세계대전의 커다란 원인으로 지적하고 있다. 다만 영국과 독일 가운데 어느 쪽에 원인이 있다는 식으로는 기술하고 있지 않다. 제2차 세계대전의 경우 나치 독일의 침략이라는 명확한 원인이 존재한다는 사실을 생각하면, 제1차 세계대전은 역시 원인을 특정하기 힘들다.

이제 비교 대상으로 러시아의 중·고등학생용 역사 교과서를 참조해보자. 러시아의 역사 교과서는 제1차 세계대전을 다음과 같이 기술한다.

유럽의 주요 대국 사이의 대립과 세력권을 둘러싼 다툼은 노골적인 충돌로 번지게 되었다. ……전쟁은 유럽 전역을 아우르는 성질을 띤 직후에 전 세계적인 수준으로 변화했다. 이 전쟁에는 38개국 15억 명 이상이 휘말렸다. 참전국은 자국의 목적을 좇았고, 세계적 충돌의 발발에 대한 책임의 일부를 졌다.

그러나 원인의 대부분은 유럽과 세계의 재분할을 꾀한 독일·오스트리아 블록에 있었다. 독일은 전쟁을 할 준비가 되어 있었다. 독일의 계획은 먼저 프랑스, 그 후 러시아를 분쇄하고 러시아의 발트해 연안 지역과 폴란드의 여러 현, 프랑스의 아프리카 식민지 일부를 병합하고 터키와 중동에 강력한 지반을 형성하는 것이었다. 오

스트리아 –헝가리제국은 발칸제국을 지배하에 두고자 했다.[17]

　러시아의 역사 교과서에서는 전쟁 원인의 대부분이 독일·오스트리아 블록에 존재한다고 명확히 단정하고 있다. 러시아는 삼국동맹(독일·오스트리아·이탈리아)과 대립하는 삼국협상(러시아·프랑스·영국)의 일원이었으며 전쟁 당시에는 독일에 계속해서 패배했다. 그랬던 까닭에, 러시아혁명으로 성립한 소비에트 정권은 독일과 단독강화를 맺었던 것이다. 러시아에 정당성이 있다는 태도가 뚜렷하게 엿보이는 기술이다.

　일본과 러시아 양쪽의 교과서를 비교해서 읽어본 이유는 같은 역사적 사실과 현상에도 다른 견해가 존재한다는 사실을 분명히 알 수 있기 때문이다. 일본의 교과서가 가치관을 거의 드러내지 않고서 필요한 요소를 누락시키지 않을 정도로만 기술되어 있는 것과 달리, 러시아의 교과서는 러시아의 입장을 정당화하는 가치관이 강하게 드러나 있다. 이처럼 역사 교과서를 비교해서 읽어보는 일은 역사를 입체적으로 이해하는 데 도움이 된다. 다른 나라의 역사 교과서는 이번 장의 마지막 부분에서 다시 한

---

[17] A.A. 다닐로프·L.G. 코술리나 지음, 문명식 편역, 《러시아 역사History Russia》, 신아사, 2009.

번 다룰 것이며, 그 외에도 이 책의 중요한 지점들에서 몇 차례 더 언급할 예정이다.

전쟁의 시대와 독일 문제

개인적으로는 러시아 교과서의 기술도 어느 정도 설득력이 있다고 생각한다. 그도 그럴 것이, 1914년을 기점으로 하는 전쟁의 시대란 결국 독일 문제로 귀착되기 때문이다. 독일은 서구 내에서 후발 자본주의국가였다. 그러나 제국주의 시대에 들어서면서 중화학공업의 산업화에 성공해 영국을 뛰어넘는 공업국가가 되었다. 나아가 1888년에 빌헬름 2세Wilhelm II가 황제에 오르면서 대대적인 해군 증강을 도모해 영국과 건함 경쟁建艦競爭을 펼쳤다. 빌헬름 2세의 무리한 제국주의 정책은 그가 황제에 오르기 전 독일을 이끌었던 비스마르크Bismarck의 정책과는 대조를 이룬다.

비스마르크 외교의 핵심은 프랑스를 고립시키는 데 있었다. 프로이센-프랑스전쟁에서 승리하고 독일제국이 성립된 후, 비스마르크는 프랑스를 고립시킴으로써 독일의 안전을 확보했다. 오스트리아 및 러시아제국과 맺은 삼제동맹, 오스트리아 및 이탈리아와 맺은 삼국동맹을 지도상에서 보면 프랑스가 고립되어 있음

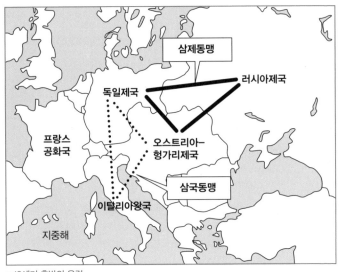

■ 19세기 후반의 유럽

을 확실하게 알 수 있다. 그러나 비스마르크는 해외 침략과 전쟁
에는 소극적이었으며, 오로지 외교를 통해 유럽의 안정을 도모하
고자 했다. 이 비스마르크 외교가 빌헬름 2세가 추진한 '세계 정
책'으로 전환되면서 그 후 독일의 운명을 크게 바꾸었다고 할 수
있다.

영국과 군비 확장 경쟁을 벌인 끝에, 제1차 세계대전에 돌입한
독일은 결국 패배했으며 1,320억 마르크라는 거액의 배상금을
지불해야 했다. 이후 전간기에 나치가 등장해 제2차 세계대전을
일으켰으나 또다시 패배했다. 그리고 동서로 양분되었던 독일은

통일을 거쳐 지금은 EU의 실질적인 리더로 자리매김했다. 결국 20세기가 남긴 커다란 과제는 독일이라는 대국을 어떻게 세계와 규합하느냐 하는 것이었다. 그러나 나는 EU가 탄생했음에도 독일 규합에는 실패했다고 본다. 왜냐하면 유로 위기 이후 독일 혼자서 경제적인 승리를 거머쥐었으며 독일 외의 유럽 국가들과는 이해관계가 충돌하고 있기 때문이다. 그러한 의미에서도 전쟁의 시대인 20세기는 아직 끝나지 않았다.

신제국주의 시대, 전쟁은 피할 수 있는가

19세기 말의 구제국주의는 전쟁을 피하지 못했다. 그렇다면 이를 아날로지적으로 이해해 현대의 신제국주의에서도 세계대전은 불가피하다고 여기는 편이 옳을까? 레닌은 세계대전이 불가피하다고 생각했다. 그러나 레닌이 《제국주의론》를 저술하는 데 토대가 되었던 영국의 경제학자 J. A. 홉슨J.A. Hobson의 《제국주의론Imperialism》에는 일정한 조건하에서라면 전쟁을 피할 수 있다고 적혀 있다. 자유당원이었던 홉슨은 제국주의와 군국주의를 비판하는 평화주의자였는데, 그가 제시한 시나리오는 제국주의국가 사이의 세력 균형을 지향하는 것이었다. 이를테면 앵글로색슨연합·범게르만연합·범슬라브연합·범라틴연합과 같이 광역화된

제국주의국가연합을 형성해 세계적인 규모에서 세력 균형을 취한다는 발상이다.

> 기독교 세계가 이처럼 제각기 비문명적 속령屬領을 종자로 삼는 소수의 대연합제국으로 나뉘는 것은, 수많은 이들에게는 현재 경향의 가장 정당한 전개이자 국제제국주의의 확실한 기초이며, 나아가 영구 평화를 위한 최선의 희망을 제공하는 것이라고 생각된다.[18]

홉슨의 발상을 신제국주의에 적용할 수 있을까? 더 구체적으로 말하자면, 현재의 세계가 유럽연합·슬라브연합·아메리카대륙연합·중동연합·아시아연합과 같은 형태로 분할된 세력 균형 상태를 조성할 수 있는가? 그러한 움직임이 뚜렷해지고 있음은 분명하다. 사실 EU는 '광역제국주의연합'인데, 경제적 우열로 보았을 때 그 본질은 독일 제국주의다. 푸틴은 유라시아공동체를 진지하게 구상 중이다. 다만 미국의 패권이 약해지고 있다고는 해도 미국의 군사력은 여전히 압도적이다. 미국이 세계 경찰로서 국제질서 안정을 지도하는 것이 환상에 지나지 않는다 하더라도, 미국이 세계 최강의 군사력을 지닌 국가라는 점을 과소평가

---

[18] J.A. 홉슨 지음, 신홍범 옮김, 《제국주의론》, 창비, 1993.

해서는 안 된다.

파탄국가의 테러리스트 그룹이 백악관을 점거하고 대통령을 인질로 삼는다는 황당무계한 줄거리의 〈백악관 최후의 날〉이라는 할리우드 영화가 있다. 하지만 이는 어디까지나 상상력을 발휘한 이야기일 뿐이다. 이를테면 미국을 제외한 모든 국가가 군사동맹을 맺고 워싱턴을 침공하려 해도, 미국 땅에 상륙하는 일조차 불가능할 것이다. 미국이 지닌 군사력은 그 정도로 강하다. 그러므로 미국이 아메리카대륙에 국한된 경찰관이 되는 일은 있을 수 없다.

하지만 그토록 강력한 미국이라 할지라도 아프가니스탄·이라크·중앙아시아의 소국조차 제압하지 못한다. 이 두 종류의 현실에 입각한 지점에, 현재의 신제국주의가 놓여 있는 상황이 존재한다.

제국주의 시대를 움직이는 두 가지 힘

제국주의 시대에는 두 가지의 서로 다른 힘이 반드시 작동한다. 하나는 세계화이고, 다른 하나는 앞서 이야기했던 국가 기능 강화다.

세계화는, 경제적으로는 실물경제보다 금융을 우선하는 금융

자본주의로 나타난다. 이미 레닌의 지적에서 보았듯 19세기 말의 제국주의 시대 또한 그렇게 움직였다. 세계경제에서는 기업도 금융도 거대해지므로, 조직이든 사람이든 소수의 승자 외에는 배를 불릴 수 없다. 오직 거대한 수출기업과 금융자산을 가진 부유층만이 아베노믹스에 의한 엔화 약세와 주가 급등의 혜택을 누릴 수 있는 것과 마찬가지다. 그렇게 되면 노동자계급의 재생산도 불가능해진다. 쉽게 말해 가난한 이들은 결혼도 출산도 할수 없다. 빈곤이 연쇄적으로 이어지고, 중산층이 성장하지 않으므로 국력도 저하된다.

내가 지금 가장 우려하는 부분은 현재 일본이 메이지유신 이후 처음으로 교육의 질이 떨어지는 시대에 돌입하고 말았다는 점이다. 일본을 포함해 25개국이 가입한 OECD의 2013년도 통계를 보면, 일본의 교육 관련 비용은 OECD 국가 가운데 최하위다. 그 이유는 명백한데, 교육 시스템에 신자유주의가 편입되었기 때문이다. 잃어버린 20년 때문에 디플레이션에서 빠져나오지 못하는 가운데 학비만큼은 계속해서 상승했다. 그로 인해 지금의 신세대는 자신이 받은 수준의 교육을 자녀들에게 제공하기 어려워졌다. 질적인 측면에서도 효율성을 지나치게 추구한 나머지 거시적으로 사물을 이해하는 데 필요한 교양은 거의 익히지 못한 채로 고등교육을 마친다.

이 상태가 계속된다면 고등교육의 초기 단계에서 인재 유출이 발생할 가능성도 적지 않다. 유럽의 고등교육기관은 외국인을 포함한 학생들을 위한 장학금제도를 충실히 갖추고 있으므로, 교육의 질적인 측면까지 고려했을 때 해외 대학으로 유학을 가는 쪽이 낫다고 판단하는 이들도 늘어나고 있다. 저출산이 이어지는 지금, 인재 유출이 발생하면 국력은 반드시 쇠약해진다. 그러한 까닭에 나는 일본에서 잠시도 유예할 수 없는 문제가 바로 교육과 이민이라고 생각한다.

영국의 역사 교과서에서
제국주의를 배운다

금융자본주의 폐해에 대한 세 가지 처방

앞 절의 마지막 부분에서 금융자본주의의 문제점을 서술했다.
19세기 말부터 전간기에 걸쳐 금융자본주의가 야기한 빈곤과 사
회불안에는 크게 세 가지 처방이 내려졌다.

첫 번째 처방은 외부를 수탈하는 제국주의다. 영국이 식민지
주의 확대에 나선 것은 불황이 덮쳐오면서 국내의 빈곤 문제와
사회불안을 떠안고 있었기 때문이다. 영국의 남아프리카 식민지
수상을 지냈던 세실 로즈Cecil Rhodes는 "빈민에 의한 내란을 원
치 않는다면, 우리는 제국주의자가 되어야만 한다"라는 발언을

남겼다. 영국 제국주의는 외부를 수탈함으로써 국내 문제를 불식할 수 있다고 여겼던 것이다.

두 번째 처방은 공산주의다. 사회주의혁명을 일으켜 자본주의 시스템을 타도해 사회문제를 일거에 해결한다는 것이다. 물론 이 처방이 실패에 그쳤다는 사실은 역사적으로 이미 증명되었다.

세 번째 처방은 파시즘이다. 파시즘과 나치즘이 전적으로 다르다는 점에 주의하기 바란다. 나치즘은 아리아인의 우월성이라는, 터무니없는 인종 신화를 바탕으로 형성된 정치사상이다. 이와 달리 1920년대에 이탈리아의 베니토 무솔리니Benito Mussolini 가 펼친 파시즘은 공산주의혁명을 부정하며, 동시에 자유주의적인 자본주의가 초래한 실업·빈곤·격차와 같은 사회문제를 국가가 사회에 개입함으로써 해결할 것을 제창했다. 국가가 적극적으로 고용을 확보하고 소득을 재분배하겠다는 것이다. 무솔리니가 "이탈리아를 위해 노력하는 자가 이탈리아인"이라고 말했던 것처럼, 파시즘은 사람들을 동원해 다 같이 나눌 파이를 키워가는 정치사상이다.

게쉬히테와 히스토리에

영국의 역사 교과서는 품격 있는 제국주의를 배우기에 적절한

텍스트다. 앞서 러시아의 역사 교과서 내용을 일부 소개했는데, 역사 교과서를 비교해서 읽으면 역사를 입체적으로 이해하는 데 도움이 된다는 사실과 더불어 또 하나의 중요한 의의가 있다. 바로 해당 국가의 내재적 논리를 파악할 수 있다는 점이다. 교과서에는 해당 국가가 학생들에게 어느 정도의 지식수준을 요구하고 있는가, 또는 교과서 검정제도가 있는 국가라면 국가가 어떠한 태도로 교육에 임하고 있는가가 명확하게 드러난다. 이를테면 러시아의 역사 교과서에는 앞서 언급했듯이 러시아의 입장을 정당화하는 가치관이 강하게 나타나 있었다.

역사에는 독일어로 '게쉬히테Geschichte'와 '히스토리에Historie'라는 두 가지 개념이 존재한다. 히스토리에는 연대에 따라 사건을 객관적으로 기술하는 편년체를 가리킨다. 이와 달리 게쉬히테는 역사상의 사건의 연쇄에는 반드시 의미가 있다는 태도에 입각해 기술한다. 예를 들면 역사란 계몽에 의해 더 높은 곳을 향해 발전해가는 과정이라는 관점에서 기술하는 것이다. 러시아의 역사 교과서는 소련이 붕괴한 후 찾아온 국가 통합 위기를 극복하기 위해 러시아의 확고한 서사를 제시해온 게쉬히테다.

영국 역사 인식에서 배울 점

그렇다면 영국의 역사 교과서는 어떨까? 《제국의 충격*The Impact of Empire*》이라는 제목으로 일본 출판사인 아카시쇼텐에서 번역·출간한 교과서가 있다. 이 교과서는 중등교육을 이수할 열한 살부터 열네 살까지의 학생용 교과서로 150쪽 정도의 분량이므로 금세 읽을 수 있다. '제국'이라는 단어가 나타내듯이, 이 교과서는 영국이 미국을 식민지로 삼은 때부터 시작해 식민지 경영을 단념하는 '제국의 종언'에 이르기까지의 시대를 다루며, 영국에 의한 제국 경영에 초점을 맞춘 형태로 구성되어 있다. 내용도 대단히 참신하다. 이를테면 인도 총독이었던 마운트배튼Louis Mountbatten 경에게 인도에서 철수할 것을 권하는 편지를 쓰는 과제가 있다. 학생들에게 지식을 무조건적으로 익히게 하는 대신, 철저하게 생각하는 행위와 쓰는 행위를 요구하는 것이다.

이러한 관점에서 던지는 질문을 교과서 도처에서 만날 수 있다. 더욱 독특한 예를 들자면, 마지막 장에서는 '지배당한 사람들의 관점에서 적은 장은 왜 없는가', '이 책에는 왜 여성이 등장하지 않는가' 같은, 생각해볼 만한 비판의 목소리 몇 가지를 소개한다. 요컨대 교과서를 엮은 이들 스스로가 교과서의 형태를 상대화하고자 한 셈이다. 이처럼 영국의 역사 교과서는 철두철

미하게 영국 제국주의의 '실패에 대한 연구'라는 점에 무게중심이 놓여 있다. 구제국주의에 의한 식민지 지배는 전 세계에 재앙을 가져왔으며 증오를 남겼다. 왜 영국은 실패하고 말았는가. 언뜻 보기에는 자학사관인 것 같지만, 그렇지는 않다. 영국도 현재 국제사회가 제국주의라는 게임의 소용돌이 안에 있으며, 어찌할 수 없이 거기에 휘말렸음을 인식하고 있다. 그러나 예전처럼 식민지주의에 의한 제국주의 모델은 실패하리라는 것도 강렬히 자각하고 있다. 그러므로 실패의 역사를 통해 신제국주의 시대의 영국이 어떤 국가여야 하는지를 구상하도록 가르치고자 하는 것이다.

영국의 역사 교과서도 게쉬히테를 다루지만, 러시아의 교과서와는 정반대의 방향을 향한다. 역사 인식 면에서는 어느 쪽이 더 강할까? 말할 필요도 없이 영국이다. 왜냐하면 자국의 약점을 자각한 상태에서 신제국주의 시대를 위한 대응을 모색하고 있기 때문이다.

앞서 일본의 교과서가 가치관을 거의 드러내지 않고서 필요한 요소를 빠뜨리지 않는 서술 방식을 취하고 있다고 썼다. 게쉬히테가 아닌 히스토리에다. 그리고 이는 현재 일본인의 역사 인식에서 양날의 검 같은 존재다. 전후戰後에 시행된 평화교육은 동서 냉전이라는 틀 안에서 이루어졌다. 그러한 까닭에 냉전이 종결되자 평화교육은 유효성을 잃어버렸다. 애당초 이 단계에서 단순한 히스토리에를 뛰어넘는, 역사교육의 새로운 방향성을 모색했어야 한다. 그러나 지식인들은 그러한 작업을 게을리했다. 그 결과 빈곤하고 조잡한 역사관이 제멋대로 날뛰고 있으며, 이는 헤이트스피치나 극단적인 자국지상사관으로 나타났다.

그렇기 때문에 우리는 더더욱 역사를 이해해야만 한다. 일본의 역사 교과서를 읽으면 필요한 최소한의 기초 지식은 익힐 수 있다. 그러나 그 지식을 다른 지식과 결합해 이해하고, 현상을 정확히 파악하는 일은 훈련을 쌓지 않고서는 불가능하다. 영국의 역사 교과서는 획득한 지식을 아날로지적으로 활용하기에 알맞은 책이다.

'품격 있는 제국주의'라는 아이러니

일본도 영국과 마찬가지로 신제국주의라는 게임에 휘말렸다. 중국·한국과의 마찰은 갈수록 심해지고, 경제적 쇠락은 여전히 멈출 줄 모른다. 또한 일본은 제국주의국가다. 왜냐하면 19세기가 끝날 때까지 독립된 정치체제를 지니고 있었던 류큐왕국琉球王國을 오키나와 현이라는 이름으로 편입시킨 역사가 있기 때문이다.

역사적으로 일본 본토와 오키나와는 천황 신앙을 공유하고 있지 않다. 오키나와의 언론매체와 본토의 언론매체가 보도하는 내용도 전혀 다르다. 다수의 일본인은 이 차이에 둔감하기 때문에, 오키나와를 본토의 연장선상에 두며 오키나와인을 그들과 다를 바 없는 일본인이라고 여긴다. 종주국이라는 자각이 완전히 결여되어 있는 것이다. 그렇기 때문에 미군 기지를 둘러싼 문제를 본토가 오키나와에 강요한다는 것 역시 조금도 깨닫지 못한다. 이래서야 품격 있는 제국주의라고 말하기 어렵다.

품격 있는 제국주의란, 앞서 언급했듯이 일종의 아이러니다. 무슨 말인가 하면, 일본은 제국주의국가이므로 균등한 국민국가라고 생각해서는 안 된다. 오키나와라는 외부 영역이 엄연히 존재한다. 제국주의국가는 외부 영역을 구조적으로 차별하기 때문에 적어도 제국주의국가다운 어퍼머티브 액션affirmative action[19]

---

[19] '긍정적 조치'라고도 하며, 소외계층이 주류 사회에 진입할 수 있는 기회를 정부가 적극적으로 제공하는 것을 가리킨다. 1961년 케네디J.F. Kennedy 대통령이 "취업과 고용 과정에서 인종·종교·국적에 따라 차별하는 일이 없도록 어퍼머티브 액션을 취해야 한다"라는 대통령 행정명령에 서명함으로써 공식화되었으며, 특히 흑인들의 교육 기회 확대에 기여했다. 그러나 2006년 미시간 주가 "인종·성별·피부색·출신 민족 및 국가를 근거로 차별하거나 우대해서는 안 된다"라는 내용으로 주 헌법을 수정해 통과시켰고, 2014년 연방대법원이 미시간 주의 수정 헌법을 합헌이라 판결하면서 사회적 파장을 불러왔다.

을 제대로 취해야 한다.

사정이 어떠하건 간에 국토 면적의 0.6퍼센트에 불과한 오키나와에 일본 내 미군 기지의 74퍼센트가 존재하는 상황에서 새 기지를 추가로 짓는 것은 도가 지나치다. 지금 이대로라면 제국의 균형이 무너지고 말 것이다. 외부에 가하는 고통을 최소로 줄이고 일본 국가의 이익을 도모하는 일, 그러한 의식을 가지는 것이 품격 있는 제국주의로 향하는 첫걸음이다. 나아가 언어를 올바르게 사용하면서 경제적으로는 재분배를 행하고, 건강하며 문화적인 생활을 제공하고, 향후의 기술 발전에 대응 가능한 직업교육을 실시하며, 가족을 꾸리고 아이를 기르며 다음 세대의 노동자를 육성할 수 있는 소득을 국민에게 보증해야 한다.

제국주의국가라는 사실을 자각하는 일은, 자기 자신의 손이 이미 더러워져 있음을 아는 일이다. 그러한 까닭에 품격 있는 제국주의라는 표현 자체가 곧 아이러니다. 아날로지와 아이러니는 '보이지 않는 것'을 보는 힘이다. 전쟁의 시대를 준비하고 만 제국주의와 똑같은 과오를 되풀이하지 않기 위해, 역사에서 아날로지와 아이러니를 이끌어내는 힘이 필요하다.

자본주의와 제국주의를 고민하기 위한 책

가라타니 고진 지음, 조영일 옮김,《세계공화국으로世界共和國へ》, 도서출판b, 2007.

자본주의·국가·네이션이 제각기 어떠한 기원에서 탄생해 서로 어떻게 이어져 있는가를 근원적으로 분석한다. 신제국주의 시대를 이론적으로 고찰하는 데도 빠뜨릴 수 없는 책이다.

《資本主義の終焉と歷史の危機(자본주의의 종언과 역사의 위기)》, 集英社, 2014.

이자율의 역사적인 변화를 지표 삼아 자본주의의 임종이 다가오고 있음을 쉬운 문제로 명쾌하게 설명한다. 글로벌 자본주의가 초래하는 중산계급의 몰락을 민주주의의 위기라고 독해하는 관점도 날카롭다.

제2장

민족 문제를
독해하는 비결:

내셔널리즘을
역사적으로
이해하기

■ 서유럽의 역사

연도	주요 사건
1143년	포르투갈왕국 성립
1339~1453년	100년전쟁
1479년	스페인왕국 성립
1516년	합스부르크가 카를로스 1세, 스페인 왕 즉위
1517년	루터의 종교개혁 시작
1618~48년	30년전쟁
1648년	베스트팔렌조약 체결
1789년	프랑스혁명
1804년	나폴레옹 황제 즉위
1814, 15년	빈 회의
1848년	파리 2월혁명
1871년	독일제국 성립
1914~18년	제1차 세계대전

■ 중·동유럽의 역사

연도	주요 사건
1419~36년	후스전쟁
1438년	합스부르크가의 신성로마제국(독일) 황제 세습 시작
1618~1648년	30년전쟁
1648년	베스트팔렌조약 체결
1795년	폴란드 분할(폴란드왕국 멸망)
1804년	오스트리아 합스부르크제국 성립
1806년	신성로마제국 해체
1814, 15년	빈 회의
1848년	빈 3월혁명
1866년	프로이센-오스트리아전쟁
1867년	오스트리아-헝가리제국 성립
1878년	루마니아, 세르비아, 몬테네그로 독립
1908년	불가리아 독립 오스트리아, 보스니아와 헤르체고비나 병합
1914~1918년	제1차 세계대전
1918년	헝가리 독립, 체코슬로바키아 건국

이 장에서는 민족 문제와 내셔널리즘을 고찰하면서 세계사의 향후 행방을 전망한다. 물론 민족 문제의 모든 것을 이 자리에서 다루기란 불가능하다. 민족 문제에 효율적으로 접근하기 위해 세계사의 어느 마디에 주목해야 하는가? 두 가지를 들고 싶은데, 하나는 오스트리아 합스부르크제국을 중심으로 한 중·동유럽 역사이고, 다른 하나는 러시아제국의 민족 문제다. 민족이라는 개념이 먼저 뿌리내린 곳이 중·동유럽이었기 때문이며, 러시아제국을 거론한 것은 민족 문제의 복잡함을 이해하는 데 적절하다고 생각해서다.

이번 장에서 이어갈 논의의 흐름을 설명해두기로 한다. 우선 중세 말부터 민족 문제와 내셔널리즘이 확대되는 19세기까지의 유럽사를 짧게 개괄할 것이다. 특히 서유럽과 중·동유럽 국가가 어떻게 다르게 형성되는가에 주목해야 한다. 프랑스혁명 이후, 민족과 내셔널리즘 문제의 대부분은 중·동유럽에서 집중적으로 발생했다. 이러한 사실을 외교사를 중심으로 유럽사를 들여다보는 것으로 갈무리하도록 하자.

두 번째로, 내셔널리즘을 해설할 것이다. 내셔널리즘론에 관해서는 정치학에서부터 인류학, 사상에 이르기까지 다채로운 분야의 연구 성과가 축적되어 있는데, 꼭 짚고 넘어갔으면 하는 학자 세 사람의 내셔널리즘론을 정리했다. 이 부분은 고찰 도구를 손에 넣는 대목이다.

세 번째로, 이렇게 획득한 도구를 가지고 합스부르크제국의 민족 문제, 러시아제국의 중앙아시아 민족 문제를 각각 고찰할 것이다.

마지막으로는 응용 문제 삼아 현재 우크라이나 위기와 스코틀랜드 독립 문제, 오키나와 문제를 해설한 다음, 국민국가가 나아갈 길과 내셔널리즘이 향후 어떠한 방식으로 함께해야 할지를 생각해보기로 한다.

이번 장에서도 아날로지적인 관점이 중요하다. 민족 문제와 내셔널리즘은 각각의 고유성이 있다. 그러나 고찰에 필요한 도구를 도입하면 상이한 문제군을 아날로지를 통해 보는 일이 가능해진다. 현대의 내셔널리즘을 고민하기 위해서도 세계사 독해는 필수인 것이다.

1

민족 문제는 어떻게 생겨났는가

중세 말 서유럽과 중·동유럽의 차이

곧바로 역사를 거슬러 올라가보자. 중세 유럽에서는 교회와 사회가 일체화되어 있었다. 그러므로 중세 유럽인에게는 근대인과 같은 민족의식은 존재하지 않았다. 중세 유럽인에게 인간은 곧 기독교도였다.

물론 국가나 정치 기구는 존재했다. 서유럽에서는 비교적 이른 단계에서 국가라는 단위가 성립하기 시작했다. 영국과 프랑스에서는 1337년부터 1453년 사이에 벌어진 100년전쟁 이후 중앙집권화가 진행되었다. 100년전쟁이란, 영국과 프랑스의 영토전쟁을 가리킨다. 100년전쟁이 일어나기 전까지 영국 왕은 프랑스에 영토를 보유했다. 와인 산지로 유명한 프랑스 남서부의 기옌 지방은 영국령이었는데, 프랑스는 이곳을 빼앗고 싶어 했다. 반면 영국은 모직물 산업 지대인 프랑스 북부의 플랑드르 지방이 탐났다. 이와 같은 야심이 존재하는 상황에서, 1328년에 프랑스 카페 왕조의 대가 끊기고 발루아왕조가 그 뒤를 이었다. 그 당시 영국 국왕이었던 에드워드 3세Edward Ⅲ는 프랑스의 왕조 교체에 불만을 품었다. 에드워드 3세는 어머니가 카페 가문 출신이라는 점을 구실로 자신에게도 프랑스 왕위를 계승할 권리가 있다고 주장하며 프랑스로 쳐들어갔다. 전쟁이 시작되고 곧 우세를 점한 영국군이 프랑스 남서부와 북부 지방을 차례로 빼앗았다. 궁지에 몰린 프랑스를 구한 이가 잔 다르크Jeanne d'Arc였다는 이야기는 너무나도 유명하다. 잔 다르크의 신들린 활약에 힘입어 프랑스군은 전세를 역전시켜 승리를 거두었다. 그 결과, 프랑스는 거의 모든 국토에서 영국군을 몰아냈고, 국가의 모습을 갖추기 시작했다.

한편 이베리아 반도에서도 국가 정비가 사뭇 빨랐다. 기독교도가 이슬람교를 축출하는 레콩키스타Reconquista(국토회복운동)와 함께 1143년에 포르투갈왕국이 성립했고, 1479년에는 스페인왕국이 성립했다.

정리하면 영국·프랑스·스페인·포르투갈 등 서유럽은 비교적

이른 단계에 주권국가로서의 조건을 갖추기 시작했다. 그러나 중·동유럽을 포함한 15세기 말의 신성로마제국(독일)은 서유럽과 달리 혼돈 상태였다. 신성로마제국은 네덜란드·벨기에·프랑스 동부·스위스·오스트리아·체코 등 상당히 넓은 지역을 아울렀는데, 그 실태는 '이름뿐인 국가'였다. 황제는 있으나 권력이 없었다. 제국 안에 수백이나 되는 영방국가領邦國家가 분립되어 있는 상태였다.

16세기에 시작된 합스부르크제국의 흥성

절대주의 시대가 시작되는 16세기는 합스부르크 가문이 세계사의 중심을 차지한 시대다. 합스부르크 가문은 원래 스위스 동북부의 약소 귀족으로, 통치하는 영토도 변변하지 않았다. 그런데 1273년, 합스부르크 가문의 계승자인 루돌프 1세 Rudolf I가 느닷없이 신성로마제국 황제의 자리에 올랐다. 정확하게는 먼저 신성로마제국의 국왕으로 선출된 다음, 로마로 가서 교황에게 황제의 관을 수여받고 즉위했다.

약소 귀족의 우두머리가 돌연 신성로마제국의 황제로 발탁된 이유는 무엇일까? 당시 신성로마제국 국왕 선출 방식은 제국 내 유력한 제후 몇 명이 선거를 통해 선출하는 것이 관례였다. 그들은 선제후라 불리었으며 권한이 막강했다. 선제후들이 루돌프 1세를 왕으로 고른 이유는, 무난하면서도 다루기 쉬운 인물이라 여겼기 때문이다. 다시 말해 능력이 뛰어난 인간을 왕으로 삼고 싶어 하지 않았다는 말이다. 그런데 그들의 부정적인 기대와는 정반대로, 루돌프 1세는 황제로 활약했다. 루돌프 1세의 황제 취임을 기점으로 합스부르크 가문은 역사의 전면에 등장했다. 그리고 1438년 이후 신성로마제국의 황제는 사실상 합스부르크 가문이 세습하게 되었다.

합스부르크 가문은 결혼정책에 능했다. 15세기에 신성로마제국 황제에 오른 합스부르크 가문의 막시밀리안 1세Maximilian Ⅰ는 아들 펠리페 1세Felipe Ⅰ를 스페인 왕녀와 결혼시켰다. 둘 사이에 태어난 왕자가 16세기 유럽의 주인공인 카를로스 1세Carlos Ⅰ다. 나아가 막시밀리안 1세는 손주들을 헝가리의 왕자·왕녀와 결혼시켰다. 그 결과 합스부르크 가문은 헝가리와 보헤미아(당시 보헤미아 영토는 현재의 체코와 거의 일치한다)에 영향력을 확대했고, 결국 왕위까지 계승했다.

1516년 스페인 왕위에 오른 카를로스 1세는 3년 후인 1519년에 신성로마제국 황제인 카를 5세Karl Ⅴ로 선출되었다. 스페인과 독일을 한꺼번에 얻었던 것이다. 카를 5세는 전쟁에 몰두했고, 전성기에는 영국과 프랑스를 제외한 서유럽 대부분을 차지했을 만큼 더없이 융성했다. 그러나 카를 5세가 퇴위한 후 합스부르크 가문은 아들인 펠리페 2세Felipe Ⅱ가 계승한 스페인-네덜란드와 동생인 페르디난트 1세Ferdinand Ⅰ가 이어받은 오스트리아로 분열되었다.

30년전쟁의 두 가지 측면

합스부르크 가문이 유럽의 주도권을 장악했던 시대에 마르틴 루터Martin Luther의 종교개혁이 일어났다. 루터 이전에 보헤미아의 종교개혁가인 얀 후스Jan Hus에서 비롯된 체코 종교개혁이 있었으나, 이 점은 나중에 자세히 서술할 예정이므로 여기서는 언급하지 않고 지나갈 것이다.

16세기, 당시 로마 가톨릭교회의 교황이 면죄부[20]를 판매하자 독일 비텐베르크 대학의 교수이자 수도사인 마르틴 루터는 면죄부를 사는 행위만으로는 하느님의 벌이 사라지지 않는다며 비판하고 《성서》를 기반으로 한 신앙의 중요성을 설파했다. 루터에서 시작된 가톨릭교회를 향한 비판운동은 유럽 전역을 가톨릭과

---

[20] 죄의 보속을 경감해주는 증명서를 말한다. 가톨릭교회는 '면죄부'라는 용어가 대사大赦, indulgence의 잘못된 번역이라 지적한 바 있다.

프로테스탄트로 갈랐으며, 이는 내전과 전쟁으로 발전했다. 그 정점에 선 전쟁이 신성로마제국을 무대로 1618년에 시작된 30년 전쟁이다.

30년전쟁은 오스트리아 합스부르크령인 보헤미아 지방의 프로테스탄트가 가톨릭을 강요하는 합스부르크 가문에 대해 반란을 일으킨 데서 시작되었다. 가톨릭국가인 스페인은 당연히 합스부르크제국을 지원했으나, 프로테스탄트국가였던 덴마크와 스웨덴이 남하해 프로테스탄트를 지원하면서 전쟁이 격화되었다. 한편 합스부르크가와 대립하고 있던 프랑스의 부르봉왕조는 가톨릭국가였음에도 프로테스탄트를 지원했다. 요컨대 30년전쟁은 가톨릭 대 프로테스탄트라는 종교전쟁과, 합스부르크가 대 부르봉가의 대립이라는 두 가지 측면을 지닌 국제전쟁으로 확대되었던 것이다. 30년전쟁이 끝난 1648년에 종전 처리를 위한 강화회의가 독일 북서부인 베스트팔렌 지방에서 열렸다. 여기서 체결된 조약이 베스트팔렌조약이다.

베스트팔렌조약의 의의

베스트팔렌조약을 통해 프로테스탄트의 일파인 칼뱅파의 신앙이 인정받았으며, 더불어 유럽의 주권국가 체제가 확립되었다.

종교전쟁은 종결되었고, 신성로마제국 내의 영방국가를 포함해 각각의 국가가 내정권과 외교권을 가지는 주권국가로서 인정받은 것이다.

그렇다면 당시 신성로마제국의 영방국가는 몇이나 되었을까? 교과서에서는 300개국 정도라고 언급한다. 그러나 그중 대부분은 영세한 영방이었고, 실질적으로 주권을 인정받은 것은 소수의 유력한 제후의 영방국가였다. 어찌 되었든 베스트팔렌조약을 통해 신성로마제국은 유명무실해졌고, 주권을 가진 영방국가가 분립하는 상태가 되었다. 베스트팔렌조약은 '주권국가에 의해 구성되는 유럽'이라는 세계의 질서를 창출하고, 전쟁을 초래한 가톨릭과 프로테스탄트의 긴 대립에 종지부를 찍음으로써 중세와 근대를 가르는 명실상부한 기준점이 되었다.

서문에서 전쟁의 시대는 여전히 계속되고 있다고 썼다. 나아가 거시적인 관점에서 보면 우리는 아직도 베스트팔렌조약에 의해 형성된 근대 시스템의 연장선상에 살고 있다. 제1장에서 보았던 구제국주의에서 신제국주의에 이르는 흐름도 주권국가가 세계사라는 무대의 전면에 선다는 점에서, 근대 시스템의 일환에 지나지 않는다. 베스트팔렌조약에서부터 프랑스혁명 시대까지 유럽의 국제정치사를 보면, 신성로마제국의 동쪽 지역에서는 극심한 영토 변경을 동반하는 전쟁이 잇따랐다. 독일에서는 영방국가

가운데 하나였던 프로이센이 세력을 키워 신성로마제국 경계 안에서 영토를 확대했다.

이와 달리 이름뿐이었다 하더라도 신성로마제국의 황제 자리를 계승한 오스트리아 합스부르크가는 빈으로 진격한 오스만제국과의 싸움에서 승리하고 1699년에 헝가리를 빼앗았다. 폴란드는 18세기 후반에 인접한 러시아·프로이센·오스트리아 삼국에 의해 분할되고 말았다. 현재의 우크라이나 서부에 자리한 갈리시아 지방은 오스트리아 합스부르크령이 되었다.

나폴레옹전쟁과 내셔널리즘의 성장

지금까지 중세 말에서부터 근대 초기까지 유럽의 국제정세를 간단히 훑어보았다. 이 시기에는 민족 문제와 내셔널리즘이 존재하지 않는다. 군주의 지휘 아래 중앙집권화가 진행되었지만 영토 내에 거주하는 주민의 국가에 대한 귀속의식은 희박했다. 다시 말해 베스트팔렌조약에 의해 주권국가 시스템이 성립하기는 했으나, '국민' 혹은 '민족'이라 번역되는 근대적인 '네이션nation'은 아직 태어나지 않았다.

근대적인 네이션은 1789년 프랑스혁명 당시 탄생했다. 남성보통선거를 포함하는 헌법을 제정하고, 징병제를 실시하는 등 영토

내에 거주하는 주민이 국가 정치에 참여할 권리를 가지며 동시에 주민 스스로가 병사가 되어 국가를 지키는 것이다. 프랑스혁명에서는 국가의 주권이 국토가 아닌 국민에게 있다는 원칙이 수립되었다. 이처럼 국민과 국가가 하나가 된 국가를 '국민국가nation state'라고 한다. 프랑스에서 탄생한 국민국가와 자유에 대한 이념은 나폴레옹전쟁에 의해 유럽 전역으로 수출되기 시작했다.

나폴레옹이 벌인 유럽 원정의 파괴력은 무시무시한 면이 있었다. 나폴레옹은 전성기에 러시아를 제외한 유럽대륙 대부분을 지배했다. 신성로마제국도 나폴레옹의 압력으로 마지막 황제 프란츠 2세Franz Ⅱ가 1806년에 퇴위함으로써 완전히 해체되었다. 《상설세계사》는 나폴레옹전쟁의 영향을 다음과 같이 기술한다.

봉건적 압정에서의 해방을 내세운 나폴레옹에 의해 피정복지에서는 개혁이 촉진되었으나, 한편으로는 외국의 지배에 반대해 민족의식이 성장했다. 먼저 스페인에서 반란이 일어났고, 프로이센 또한 슈타인Karl von Stein과 하르덴베르크Karl August Hardenberg가 농민해방 등의 개혁을 진행했다.[21]

---

[21] 木村靖二·佐藤次高·岸本美緒, 앞의 책.

유럽의 여러 국가는 프랑스 국민군의 위력을 눈앞에서 생생히 목격했다. 독일은 여전히 다수의 영방국가가 분립된 상태였다. 그런 가운데 철학자인 피히테Johann Gottlieb Fichte는 '독일 국민에게 고함'이라는 연설을 통해 독일 민족의 일체화를 주장했다. 독일 사례에서 알 수 있듯이 나폴레옹에게 정복당한 국가들에서는 민족의식과 국민의식의 각성을 촉구하는 내셔널리즘이 싹트기 시작했다.

19세기부터 시작된 중·동유럽의 민족 문제

이제 중·동유럽의 상황을 들여다보자. 나폴레옹이 실각한 후 성립한 빈 체제에서는 러시아제국 황제가 폴란드 왕을 겸했다. 따라서 폴란드는 실질적으로 러시아제국의 지배 아래에 놓였다.

합스부르크가의 오스트리아제국은 현재의 헝가리를 포함하는 당시 최대의 다민족국가였다. 오스트리아제국의 영토는 독일인·마자르인(헝가리인은 스스로를 이렇게 불렀다)·체코인·폴란드인·루마니아인·슬로바키아인·우크라이나인·세르비아인·마케도니아인 등 다수의 민족을 아울렀다. 이들 민족이 19세기의 내셔널리즘 안에서 자치와 독립을 요구하는 움직임을 강화했던 것이다.

1848년 프랑스 2월혁명은 빈에도 영향을 미쳤으며 제국 내의

■ 제1차 세계대전이 발발하기 전 중·동유럽. 괄호 안은 성립 또는 독립한 해다.

슬라브인과 마자르인, 이탈리아인의 민족운동이 거세졌다. 슬라 브인은 독립을 요구했고 프라하에서 슬라브민족회의를 개최했 다. 헝가리는 1867년에 자치를 인정받아 오스트리아—헝가리제 국이 성립했다. 오스만제국이 지배했던 발칸 반도에서도 19세기 후반에 커다란 변화가 일었으며, '유럽의 화약고' 양상을 드러내 기 시작했다. 1877년부터 이듬해까지 벌어진 러시아—튀르크전 쟁에서 오스만제국은 남하정책을 펴는 러시아제국에 패했고, 이 후 루마니아와 세르비아, 몬테네그로가 오스만제국에게서 독립 했다. 오스만제국은 발칸 반도의 영토 대부분을 그렇게 잃었다.

1908년에는 오스만제국에서 일어난 혁명의 혼란을 틈타 불가리아가 오스만제국에게서 독립했다. 같은 해 오스트리아가 보스니아 헤르체고비나를 병합했는데, 보스니아 헤르체고비나에는 슬라브족인 세르비아인이 다수 거주했기 때문에 세르비아는 이 병합에 반발했다. 그 후에 발발한 발칸전쟁이 제1차 세계대전의 불씨가 되는데, 러시아제국을 리더로 하는 범슬라브주의와 독일·오스트리아제국을 중심으로 하는 범게르만주의 사이의 민족적인 대립이라는 구도를 띠었다. 프랑스혁명 이후에 확대된 내셔널리즘이 중·동유럽에서 복잡한 민족 문제를 생성해 제1차 세계대전의 배경으로 작용했던 것이다. 이 흐름을 머릿속에 그려두기 바란다.

내셔널리즘론의 지적 거인 삼인방

세 가지 내셔널리즘론

지금까지 살펴본 역사의 흐름을 어떻게 읽어낼 것인가? 중세 말기부터 30년전쟁을 거쳐 제1차 세계대전에 이르는 흐름 안에서, 현대를 살아가는 우리는 무엇을 꿰뚫어야 하는가? 세계사 교과서나 참고서는 결코 가르쳐주지 않는 강력한 무기를 소개하겠다. 바로 베네딕트 앤더슨Benedict Anderson·어니스트 겔너Ernest Gellner ·앤서니 스미스Anthony D. Smith 세 사람의 내셔널리즘론이다.

세 사람 모두 역사학자는 아니다. 앤더슨은 1936년에 태어난 미국의 정치학자다. 겔너는 1925년에 태어나 프라하에서 성장했으며 런던대학교 등에서 교편을 잡았던 사회인류학자로, 1995년에 타계했다. 그리고 스미스는 1933년에 태어난 영국의 사회학자다. 세 사람 가운데 일본에서 비교적 널리 알려져 있는 이는 앤더슨이다. 그의 대표 저서인 《상상의 공동체_Imagined Communities_》는 일본에서 가장 널리 읽히는 내셔널리즘 이론서다. 다수의 내셔널리즘론이 존재하나, 이 세 사람이 세운 이론을 알아두어 절대로 손해될 일은 없다. 사회인에게는 역사를 아날로지적으로 독해할 무기가 될 것이기 때문이다.

'상상의 공동체'와 도구주의

먼저 앤더슨의 논의를 소개하겠다. 내셔널리즘 문제를 생각할 때, 원초주의와 도구주의라는 상반되는 두 가지 사고가 있다. 원초주의란, 일본 민족은 2,600년 동안 이어졌다든가 중국 민족의 역사는 5,000년이라든가 하는 식의, 민족에게는 근거가 되는 구체적인 원천이 있다는 실체주의적인 사고다. 이때 구체적인 근거로 거론되는 것은 언어·혈통·지역·경제생활·종교·문화적 공통성 같은 것들이다. 지극히 소박한 논의라고 볼 수 있는데, 여기에는 커다란 문제가 있다. 어떠한 문제인지 구체적으로 살펴보겠다.

우크라이나인과 러시아인을 예로 들어보자. 988년 러시아의 국교로 지정된 러시아정교회가 러시아인의 정체성 형성에 불가결한 요소라고들 말한다. 그런데 그러한 러시아정교회를 받아들인 것은 현재 우크라이나 수도인 키예프의 대공이었던 블라디미르 1세Vladimir I 다. 그렇다면 키예프 없는 러시아를 상상할 수 있는가, 혹은 우크라이나 역시 원초주의적인 의미에서는 러시아라고 볼 수 있지 않은가 하는 의문을 제기할 수 있다. 이처럼 원초주의적인 발상으로는 금세 막다른 길에 접어들고 만다.

이와 달리 도구주의는 민족이란 개념을 엘리트들이 만들었다고 보는 사고다. 다시 말해 국가 엘리트가 통치 목적을 위한 도구로 내셔널리즘을 이용한다는 것이다. 이 도구주의의 대표적인 학자가 앤더슨이다. 앤더슨에 따르면, 국민이란 마음속에 이미지로 그려지는 상상의 정치적 공동체다. 즉 일본 국민이란 '우리는 일본인이다'라고 상상하는 사람들의 정치적 공동체라는 이야기다. 이미지일 뿐 실체적인 근거는 없다. 우리는 같은 민족이라는 이미지를 모두가 공유함으로써 국민의식이 성립한다는 것이 앤더슨의 생각이었다.

표준어는 어떻게 만들어지는가

그렇다면 같은 민족이라는 이미지는 어떻게 공유되는가? 앤더슨이 강조한 것은 표준어 사용이다. 표준어는 자연스럽게 존재하는 것이 아니다. 일상에서 쓰는 구어는 지역에 따라 제각각이다. 일본에도 지역마다 방언이 있다. 그렇다면 표준어는 어떻게 만들어지는 것일까? 앤더슨은 '출판자본주의'의 힘이라고 답한다.

서적은 초기 단계의 자본주의적인 기업에서 출판되었으며, 출판업은 16세기 전반에 대규모 산업으로 자리 잡았다고들 한다. 16세기 전반은 루터의 종교개혁 시대였다. 그 이전의 초기 출판 시장은 온전히 라틴어 독자층을 대상으로 하고 있었다. 그러나 라틴어를 읽을 수 있는 사람은 소수의 엘리트였으므로, 시장성은 별로 없었다. 그러한 시기에 마침 루터가 독일어로 책을 썼고, 독일어로 옮긴 《성서》를 출판했다. 이 출판물들은 날개 돋친 듯 팔렸다. 앤더슨은 "실제로 루터는 최초의 저명한 베스트셀러 작가가 되었다"라고 표현했다. 중요한 점은, 루터의 독일어판《성서》가 보급됨으로써 표준적인 독일어를 읽고 쓰는 공간이 생겨났다는 사실이다.

서적에 적힌 글은 구어가 아니다. 구어는 너무나 다양하다. 만일 구어별로 책을 만들어야 했다면 출판업은 그리 수지맞는 장사가 아니었을 것이다. 출판업으로 이익을 거두려면 다수의 독자가 존재하는 시장을 공략해야 했다. 이러한 이유로 '출판용 언어'가 만들어졌고, 이는 국어 혹은 표준어라는 시스템으로 자리 잡았다. 이것이 앤더슨의 분석이다. 앤더슨이 사고하기에 민족이란 상상의 정치적 공동체, 즉 상상 속에 존재하는 것이다. 따라서 소설이나 신문이 큰 역할을 담당하게 되었다. 어떤 소설을 읽는 독자 공동체가 형성된다. 거기에서 '우리'라는 공통된 인식이 생겨난다. '우리'라고 느낄 수 있는 문자 형태(이를테면 소설)는 내셔널리즘과 밀접한 관계에 있다.

앤더슨의 '관주도 내셔널리즘'

앤더슨의 논의에서 하나 더 중요한 개념으로 '관주도 내셔널리즘 official nationalism'이 있다. 이는 도구주의와 관련이 있다. 관주도 내셔널리즘이란, 간단히 말하자면 위에서부터의 내셔널리즘이다. 앤더슨은 러시아제국을 예로 든다. 나폴레옹이 침략한 후, 국민국가와 내셔널리즘이라는 이념이 유럽 국가로 퍼진 사실은 이미 설명한 바 있다. 프랑스에서 시작된 이 이념에 대항하고자 러시아는 '정교회·전제專制·국민성'이라는 구호를 내걸었다. 세 번째 원칙인 '국민성'이 이 시기에 새롭게 추가되었던 것이다. 나아가 19세기 말이 되면 알렉산드르 3세Alexander Ⅲ의 치세 아래, 발트 해 지방의 모든 학교에서 러시아어 사용이 의무화되었다. 이처럼 지배층과 지도층이 위에서부터 '국민'을 창출하고자 하는 것이 관주도 내셔널리즘인데, 이는 왕권의 정통성을 지탱하는 새로운 도구로 기능함과 더불어 "새로운 위험을 동반했다"고 앤더슨은 지적했다.

좀더 자세히 들여다보자. 국민성을 창출한다는 것은 군주 또한 국민의 한 사람이라는 이야기가 된다. 따라서 군주는 국민의 대표로서 국민을 위해 통치해야 한다. 만일 국민을 위한 통치에 실패한다면, 동포를 배신한 행위라며 국민의 규탄을 받는다. 담임교사가 스파르타 교육을 실시한다고 치자. 하지만 교사 또한 본인이 이끄는 반의 구성원이자 대표이므로, 반 학생 전원의 성적이 오르지 않을 경우 학생에게서 압력과 비난을 받는다. 관주도 내셔널리즘에도 이와 같은 위험이 존재하는 것이다.

겔너의 내셔널리즘

다음으로 소개할 어니스트 겔너 역시 도구주의의 대표적인 학자다. 그의 주요 저서인 《민족과 민족주의Nations and Nationalism》[22]는 《상상의 공동체》와 더불어 내셔널리즘론의 명저다. 먼저 이 책에서 겔너가 정의 내린 내셔널리즘을 소개하겠다.

---

[22] 《민족과 민족주의》의 원제에서 보듯이 이 책에도 '네이션'과 '내셔널리즘'이라는 용

민족주의는 일차적으로 정치적 단위와 민족적 단위가 일치해야 하는 정치적 원리다.[23]

이는 명확한 정의라고는 할 수 없다. 정치적 단위와 민족적 단위를 정의하지 않았기 때문이다. 그러나 위 문장으로 시작되는 이 책의 제1장을 읽으면 겔너가 말하고자 하는 바를 이해할 수 있다. 그 내용을 정리하면, 내셔널리즘 사상이 있고 나서 내셔널리즘 운동이 생겨난 것이 아니라, 내셔널리즘 운동이 있고 나서 내셔널리즘 사상이 생겨났다는 것이다. 그 결과 민족 또는 국민이라 번역되는 '네이션'이 탄생했다. 다시 말해 최초에 민족이 있은 후 내셔널리즘이 생겨난다는 원초주의적인 통념은 그릇되었으며 내셔널리즘이라는 운동에서 민족이 생겨난다는 것

어가 수차례 등장하는데, '네이션'만 해도 혈통적 민족, 헌정적 국민, 문화적 공동체 등 여러 뜻이 있으므로 이를 '민족'으로 등치해 옮기기는 어렵다고 판단했다. 따라서 겔너의 국내 번역서 제목을 제외하고는, 원서에 있는 '네이션'과 '내셔널리즘'은 모두 그대로 옮겼다. 마찬가지로 114쪽에서 소개하는 앤서니 스미스의 저서 *The Ethnic Origins of Nations*의 제목에 등장하는 'ethnic' 또한 하나의 단어로 해석하기는 어렵겠으나, 이 도서가 국내에 아직 출간되지 않은 관계로 일단 '네이션의 종족적 기원'이라 옮겼음을 밝혀둔다.

[23] 어니스트 겔너 지음, 최한우 옮김, 《민족과 민족주의》, 한반도국제대학원대학교출판부, 2009.

이 겔너의 사고다. 겔너도 앤더슨과 마찬가지로 민족이라는 감각이 근대와 함께 생겨났다고 보았다. 일본의 에도 시대를 예로 들면, 당시 사쓰마[24] 사람과 아이즈[25] 사람은 서로 같은 민족이라고 느끼고 있지 않았다.

《민족과 민족주의》에서 특히 주목해야 하는 대목은, 내셔널리즘에 대한 네 가지 잘못된 견해를 지적하는 부분이다. 첫 번째, 내셔널리즘은 자연적이고 자명하며 자기발생적이라는 견해다. 두 번째, 내셔널리즘은 개념의 산물이며 부득이하게 생겨난 것이므로 내셔널리즘은 없어도 된다고 보는 사고다. 겔너는 이를 부정한다. 언뜻 보기에 첫 번째와 모순되는 듯하지만 그렇지는 않다. 겔너는 내셔널리즘을 근대 특유의 현상이라고 판단한 동시에, 그것을 소거할 수는 없다고 생각했다. 세 번째, 마르크스주의자를 향한 야유다. 마르크스주의자는 노동자계급에게 보낸 '각성하라'는 메시지가 민족에게 전달되고 말았다는 사실에 "수신처가 잘못되었다"고 변명했다. 이 말이 지닌 함의는 나중에 설

---

24 현재의 가고시마 현과 미야자키 현 일부를 아우르던 지역으로, 오쿠보 도시미치大久保利通나 사이고 다카모리西鄕隆盛 등 메이지 유신을 전후로 하는 시대의 주요 인물들이 배출된 곳으로도 유명하다.

25 현재의 후쿠시마 현 서쪽에 해당하는 지역으로, 사쓰마와는 달리 막부와 무척 가까운 입장에 있었다. 일본 근대에서 마지막까지 구세력을 지키며 신정부군에 대항했다.

명하겠지만, 겔너는 이 변명이 틀렸다고 말한다. 사람들이 왜 민족에 이끌렸는가를 사고해야 한다는 뜻이다. 네 번째, 내셔널리즘은 조상 대대로 이어진 혈통이나 토지에서 '어두운 힘'이 다시금 나타난 것이라고 보는 견해다. 이는 명백히 나치즘을 가리킨다. 겔너는 네 번째 견해 역시 부정한다.

내셔널리즘이 산업사회에 태어난 이유

겔너는 왜 내셔널리즘을 근대 특유의 현상이라고 여겼을까? 산업사회가 아니고서는 문화적인 동질성이 생겨나지 않기 때문이다. 산업사회가 되자 사람들은 신분에서 해방되었고 이동의 자유를 획득했으며 그에 따라 사회가 유동화되었다. 제1장에서 설명한 영국의 인클로저를 떠올리기 바란다. 양을 키우기 위해 농민은 농지에서 내쫓겼다. 그들은 이동의 자유를 얻어 하나둘씩 노동자가 되었다.

사회가 유동화하면 낯선 사람들끼리 의사소통할 필요가 생긴다. 그러자면 읽기·쓰기 능력과 계산 능력 같은 보편적인 기술을 필수적으로 익혀야 한다. 그러한 교육을 제공할 수 있는 것은 국가밖에 없다. 일정한 교육을 광범위하게 실시하기 위해서는 국가가 필요하다. 국가는 사회의 산업화와 함께 교육제도를 정비하고 영역 내의 언어를 표준화한다. 이러한 조건이 있고서야 광범위한 사람들이 문화적인 동질성을 느낄 수 있다는 말이다. 이렇듯 산업화에 의해 유동화한 사람들 안에서 생겨나는 동질성이 내셔널리즘을 싹트는 기반이라는 것이 겔너의 내셔널리즘론이다. 앞서 자본주의사회의 본질은 노동력의 상품화라는 마르크스의 입장을 소개했는데, 내셔널리즘 형성에도 노동력의 상품화가 큰 영향력을 행사한 것이라 할 수 있다.

'에스니'라는 새로운 관점

앤더슨과 겔너 모두 민족과 내셔널리즘이 근대적인 현상이라는 점에서는 공통된 입장을 취했다. 지식인들 사이에서 원초주의는 소박한 논의라는 이유로 내쳐졌으며, 도구주의 쪽이 상식적인 논의로 받아들여지고 있다. 그러나 지식인들의 바깥 영역은 그렇지 않다. 왜일까? 이 지점을 사고할 때 중요한 것이 세 번째 논객인 앤서니 스미스의 논의다. 그는 일본에서 앤더슨이나 겔너만큼의 인지도는 없으나, 스미스의 주저인 《내셔널 아이덴티티 *National Identity*》와 《네이션의 종족적 기원 *The Ethnic Origins of Nations*》은 획기적인 내셔널리즘론이다. 이제부터 스미스의 저서 두 권에 입각해 그의 이론을 설명하겠다.

민족을 상상의 정치적 공동체라고 여긴 앤더슨과 달리, 스미스는 근대적인 네이션을 형성하는 '무언가'가 있다고 보았다. 이 '무언가'를 나타내는 개념이 고대 그리스어인 에스노스ethnos 또는 현대 프랑스어인 에스니ethnie다. 그렇다면 에스니란 무엇인가? 스미스는 "에스니란 공통의 조상·역사·문화, 어떤 특정 영역과의 결합을 지니며 내부에서의 연대감을 소유한, 이름을 가진 인간 집단"[26]이라고 정의했다. 스미스에 따르면 근대적인 네이션은 반드시 에스니를 가지고 있다. 다시 말해 에스니가 존재하지 않는 곳에 인위적으로 민족을 창조하는 일은 불가능하다는 것이다. 그러나 에스니를 가진 집단이 반드시 네이션을 형성하지는 않는다. 그 가운데 지극히 일부가 네이션의 형태를 취하는 것이며, 네이션이 온전한 자기 국가를 가지는 경우는 더욱 제한된다. 이 에스니라는 개념이 역사와 결합함으로써 정치적인 힘이 탄생한다. 이 힘에 의해 에스니는 '민족'으로 전환하는 것이다.

여기서 말하는 역사에 실증성이 담보될 필요는 없다. 다시 말해 사료에 기초한 객관적인 역사 기술일 필요는 없다. 사람들의 감정에 호소하는, 시적이면서 도덕적인, 공동체 통합에 기여하는 서사로서의 역사(게쉬히테)다. 이는 민족 형성에서 불가결한 요소

---

[26] Anthony D. Smith, *The Ethnic Origins of Nations*, Blackwell Publishers, 1987.

다. 민족이 먼 옛날부터 존재했다고 느끼는 이유도 여기에 있다.

세 가지 내셔널리즘론 비교

에스니의 구체적인 예를 소개하기 전에 세 사람의 논의를 정리하고자 한다.

앤더슨의 논의는, 본인의 의도와는 다르게 '상상의 공동체'는 인위적으로 만들어낼 수 있다는 식으로 읽히는 경향이 강하다. 그러한 경향에 따르자면 근대적인 네이션은 조작 가능하다는 이야기가 된다. 인위적으로 만들 수도 있거니와 억제하는 일도 가능하다는 뜻이다. 아마도 앤더슨의 진의는 다르리라. 다만 그렇게 오해받는 이유가 있는데, 그의 내셔널리즘론에는 경제 기반에 대한 관점이 희박하기 때문이다. 이미지와 상징이 있다면 네이션을 만들 수 있다는 부분에만 착안했기 때문에, 앤더슨의 논의는 '국민국가는 픽션이다' 같은 형태로 국가를 상대화하는 일에 초점을 좁혀서 사용되고 말았던 것 같다.

경제 기반에 대한 착안이라는 점에서는 겔너의 논의 쪽이 더 깔끔하다. 겔너의 논의는 노동력의 상품화, 나아가서는 산업화가 내셔널리즘 탄생의 조건이라고 말하고 있기 때문이다. 그러나 산업화는 필요조건이다. 겔너는 산업화를 달성하면 반드시 내셔널리즘이 탄생한다고 말하지 않았다. 나아가 겔너의 논의로는 산업화로 인해 생겨난 내셔널리즘이 왜 과거에서 연속적인 선으로 이어진 민족적 근거가 있는 것처럼 그려지는지, 그리고 왜 사람들은 내셔널리즘에 목숨을 거는지 같은 질문에 답할 수 없다. 이 점을 설명하고자 했던 이가 스미스다. 다시 말해 네이션에는 에스니라는 '역사적'인 근거가 있기 때문이라는 것이 스미스의 주장이다. 상당히 거칠기는 하지만, 세 사람의 대략적인 논의는 이상과 같이 정리할 수 있다.

체코의 후스와 민족

세 사람 중에서는 스미스의 내셔널리즘론이 원초주의에 가장 가깝다. 그렇기 때문에 지식인들은 앤더슨이나 겔너의 논의를 더 선호한다. 그러나 개인적으로는 스미스가 말하는 에스니 개념이 결정적으로 중요하다고 본다. 나는 《종교개혁 이야기宗教改革の物語》라는 책을 쓰면서, 루터의 종교개혁 이전에 활동했던 체코의 종교개혁가 얀 후스의 이야기를 통해 에스니 문제를 명확하게 조명하려고 시도했다.

좀더 자세히 들여다보자. 네이션이라는 단어의 어원은 라틴어 '나티오natio'다. 나티오란, 중세 대학에서 같은 출신지로 묶인 모종의 '모임'을 의미한다. 우리말로는 향토회나 동향단 정도가 될 것이다. 이를테면 후스가 공부했던 카렐 대학에는 보헤미아·작센·바이에른·폴란드 이렇게 네 가지 나티오가 있었다. 후스는 보헤미아 나티오에 속해 있었다. 보헤미아 나티오에는 체코인·슬로바키아인·남슬라브인·마자르인이 있었으며 유일하게 체코어를 사용했다. 이 나티오가 15세기 후스파의 반란으로 정치적인 의미를 띠게 되었다.

15세기 초반, 가톨릭교회에는 세 명의 교황이 있었다. 이 세 명의 교황은 서로에게 욕설을 퍼부었으며, 저마다 용병을 부려 전쟁을 벌이고, 면죄부를 팔아 크게 이득을 보았다. 이와 같은 교회의 부패를 비판하며 체코어판 《성서》를 만든 사람이 후스였다. 그러나 후스는 이단이라는 낙인이 찍혀 1415년에 화형에 처해지고 말았다. 보헤미아의 후스파는 이에 저항해 4년 후인 1419년에 후스전쟁을 일으켰다. 타보르라는 요새도시에 틀어박힌 후스파 내의 급진파는 가톨릭군에 맞서 싸우는 족족 승리를 거두었으나, 결국 내부 분열이 발생해 온건파와 가톨릭 연합군에 패배했다. 이 후스전쟁을 통해 민족의 정체성과 체코어라는 언어, 후스파의 종교개혁이 맞물려 에스니라는 사고의 기본이 카렐 대학의 보헤미아 나티오에서 발견된 것이다.

근대에 체코 민족이 형성된 것은 중세에 체코라는 에스니가 있었기 때문이다. 후스는 그것을 결정화結晶化하는 역할을 완수했다. 후스는 스스로를 근대적인 체코 민족이라 여기지 않았다. 체코라는 출신지, 체코어라는 언어와 결합된 자의식이 있었을 따름이다. 이 자의식이 후스전쟁을 통해 체코인이라는 에스니의 윤곽을 강력하게 창출했다. 체코 민족의 사례를 통해 알 수 있는 점은, 에스니라는 요인이 사전에 존재한다고 해서 반드시 민족이 생겨난다고 할 수는 없다는 것이다. 에스니는 민족의식이 탄생한 후 역사적인 근거로서 사후에 발견된다. 에스니를 발견한 것은 문화 엘리트였다. 후스의 이야기를 체코 민족의 에스니로 발견한 것은 팔라츠키František Palacký라는 문화 엘리트였다. 그에 관해서는 뒤에서 다시 이야기할 것이다.

이러한 측면에서 보자면 민족을 만드는 것은 언제나 문화 엘리트였다고도 할 수 있다. 이를테면 일본의 경우에도, 일본적인 에스니란 모토오리 노리나가本居宣長[27]에 의해 '한의漢意(중국적인 사고방식)를 배제하는 것'이라는 형태로 《겐지 이야기源氏物語》나 헤이안 시대에 존재한다고 이해되었다. 그러나 헤이안 시대의 사람들에게, 모토오리 노리나가가 말했던 것처럼 '한의를 배제하는 것'이라는 의식이 존재했는지 여부는 알 수 없다. 아마도 존재

---

[27] 일본 에도 시대의 국학자이자 문헌학자. 일본의 국학 발전에 지대한 공헌을 했다.

하지 않았을 것이다. 그럼에도 모토오리 노리나가의 논의는 메이지 시대 이후 다시 읽혔고, 일본적인 에스니로 발견되기에 이르렀다. 요컨대 에스니가 있기 때문에 네이션이 형성되는 것이 아니라, 네이션이 생겨났기 때문에 에스니가 발견되는 것이다.

3

합스부르크제국과
중앙아시아의 민족 문제

마자르인의 각성

내셔널리즘론의 삼총사라고 할 수 있을 법한 세 사람의 논의를 들여다보았다. 이제부터는 그들의 논의를 적절히 참조하면서 민족의 형성과 내셔널리즘 문제를 세계사 안에서 구체적으로 탐색해보기로 한다. 그중에서도 합스부르크제국, 그리고 러시아제국과 중앙아시아를 집중적으로 다룰 것이다.

먼저 합스부르크제국의 민족 문제부터 살펴보자. 여기서 고찰할 것은 마자르인과 체코인의 내셔널리즘이다. 오스트리아 합스부르크제국은 유럽사의 흐름을 해설할 때도 언급했듯이 대단히 많은 민족을 포함하고 있었다. 유럽에서 민족운동이 탄생한 것은 나폴레옹전쟁 이후인 19세기였고, 합스부르크제국 내의 여러 민족이 민족의식에 눈을 뜨는 것도 19세기 후반부터였다. 그 배경을 알기 위해 18세기 이후 오스트리아 합스부르크제국의 역사를 개관하고자 한다.

18세기의 합스부르크제국 내에는 신성로마제국과 마찬가지로 크고 작은 영방국가가 분립해 있었다. 제국 바깥에서는 프로이센이 힘을 길러 합스부르크제국을 위협하는 존재로 성장했다. 이에 합스부르크제국의 마리아 테레지아Maria Theresia는 개혁에 나서지만 이렇다 할 성과를 내지 못했다. 마리아 테레지아의 아들인 요제프 2세Joseph Ⅱ는 계몽사상을 좋아하는 계몽 전제군주로 유명했으며, 중앙집권적인 국가를 건설하기 위해 농노 해방·종교 관용 정책·교회 개혁 등 '위에서부터의 근대화'를 지향했다. 요제프 2세가 취한 정책 중에서 제국의 민족 문제로 이어지는 영향을 끼친 것이 독일어 공용화 정책이었다. 앞서 소개한 앤더슨도 《상상의 공동체》에서 요제프 2세의 독일어 공용화 정책이 양날의 칼이었음을 다음과 같이 서술한 바 있다.

왕조가 보편적·제국적인 면에서 독일화를 추진할수록 독일어를 하는 국민 편을 드는 것처럼 보였고 여타의 사람들에게서 반감을 샀다. 그러나 독일어 사용을 추진하지 않고 헝가리어 같은 다른 언어들에게 양보를 해준다면 통일이 퇴보할 뿐 아니라 독일어를 사용하는 사람들이 모욕감을 느꼈을 것이다.[28]

제국 내에서 이 요제프 2세의 독일어 공용화 정책에 가장 반발한 것이 헝가리의 마자르인이었다. 《상상의 공동체》는 그 후의 헝가리 내셔널리즘을 상세히 기술한다. 헝가리 지역 내에서 관주도 내셔널리즘이 싹트기 시작했다. 독일어가 제국 공용어가 되면, 독일어로 말하지 못하는 마자르인 귀족들은 일자리를 얻지 못하며 기득권을 잃고 만다. 이에 마자르인 지배계급은 '위에서부터의 내셔널리즘'을 지향해 마자르어를 지키고자 했다. 한편 헝가리에서는 민중적인 내셔널리즘도 성장했다. 식자율이 상승하고, 마자르어로 된 출판물이 보급되었으며, 자유주의적인 지식인이 성장하는 등 앤더슨이 말한 출판자본주의에 의한 상상의 공동체의 밑바탕이 민중적인 내셔널리즘의 자극을 받아 형성되기 시작했다.

이 두 가지 내셔널리즘이 최고조에 이른 1848년 3월, 빈에서 혁명이 일어났다. 헝가리 의회는 봉건적인 귀족주의회를 폐지하

---

[28] 베네딕트 앤더슨 지음, 윤형숙 옮김, 《상상의 공동체》, 나남출판, 2004.

고 책임내각제를 내건 데 이어 농노 해방과 마자르어 공용화를 선언했다. 그러나 이듬해인 1849년, 혁명은 러시아군의 원조를 받은 오스트리아군에 의해 진압당했으며 마자르인은 다시금 자유를 박탈당했다.

관주도 내셔널리즘과 제국주의

헝가리의 내셔널리즘에서 나타난, 관주도 내셔널리즘과 민중 내셔널리즘의 상극相克은 그 후로도 계속되었다. 특히 1866년은 중요한 해다. 그해 오스트리아가 프로이센과의 전쟁에서 패해 헝가리의 자치가 인정되었다. 그 결과, 1867년에 성립한 것이 오스트리아–헝가리제국이다. 오스트리아 황제가 헝가리 국왕을 겸임하되, 외교·군사·재정 외에는 헝가리의 독자적인 헌법과 의회, 정부를 가질 수 있게 되었다. 당시 헝가리는 어떻게 광범위한 자치를 인정받을 수 있었을까? 프로이센과의 전쟁에서 패하면서 오스트리아가 독일 연방의 맹주 자리에서 내쫓긴 것이 커다란 요인이었다. 그러자 제국 내에서 독일 민족의 우월성이 약화되었고, 타민족의 저항을 억누를 수 없게 되었다. 결국 타협안으로 헝가리에 의지할 수밖에 없었던 것이다. 이는 제국 내에 거주하는 마자르인 이외의 민족에게는 일종의 헝가리 우대정책으로 보일 뿐이었다. 그러한 까닭에 헝가리에서도 자치를 요구하는 다른 민족들의 목소리가 높아졌다. 그러자 헝가리왕국은 관주도 내셔널리즘을 밀어붙였다. 마자르어화 정책을 전면에 내세우고 타민족에게 마자르어를 사용하도록 강제했던 것이다.

오스트리아-헝가리제국은 제1차 세계대전에서 패했다. 그 결과 오스트리아와 헝가리는 분리되었고, 1918년에 헝가리는 독립했다. 제국은 해체되었으며 체코슬로바키아와 유고슬라비아가 독립했다. 헝가리왕국의 동부 지역은 루마니아가 차지했다. 앤더슨은 관주도 내셔널리즘의 본질을 민중적 내셔널리즘에 대한 권력 집단의 응전이라고 말한다. 헝가리에서는 민중적 내셔널리즘이 자라나는 가운데, 자신들의 권익을 지키고 싶어 하는 마자르인 귀족들의 관주도 내셔널리즘에 의해 왕국 내의 타민족에게 마자르화를 강요했다.

《상상의 공동체》에서 관주도 내셔널리즘을 해설한 꼭지의 제목은 〈관주도 내셔널리즘과 제국주의〉다. 그렇다면, 신제국주의 시대인 오늘날 역시 관주도 내셔널리즘과 친화성을 띠기 쉽다. 그 전형이 바로 중국이다. 현재 중국에서 드러나는 내셔널리즘의 고양은 중국 지도부에게는 양날의 검이다. 중국 지도부가 관주도 내셔널리즘을 능수능란하게 조작해 공산주의 이데올로기에 기초한 권력의 중추를 민족의 대표로 전환하는 데 성공한다면, 내셔널리즘의 고양은 체제를 강화하게 된다. 반면 현재 형성되고 있는 중화 민족이라는 민족 정체성이 공산당 지도부를 '중화 민족의 대표가 아니다'라는 이유로 거부한다면, 내셔널리즘은 체제 입장에서 위험한 존재가 된다. 근대적인 민족의식이 성장해가는 중국을 아날로지적으로 분석할 때, 관주도 내셔널리즘이라는 개념은 매우 유용하다.

오스트리아슬라브주의와 팔라츠키

다음으로 체코 민족을 살펴보자. 현재의 체코공화국 중서부를 보헤미아라 부른다. 종교개혁가 후스의 출생지이자 30년전쟁의 발단이 된 지역이다. 보헤미아는 합스부르크제국의 일부였다. 또한 제국 내에서 가장 먼저 공업화가 진행된 지역이기도 했다. 신문·잡지를 포함해 체코어로 된 출판물도 다수 간행되었다. 따라서 문화 엘리트가 육성되기에 용이한 환경이었다. 그러한 상황이었던 만큼 체코인과 지배계급인 독일인과의 대립이 더욱 깊어졌으며, 체코인들은 민족의식에 눈을 뜨기 시작했다.

체코의 내셔널리즘을 들여다볼 때 중요한 것은 오스트리아슬라브주의 사상이다. 1848년 3월에 빈에서 일어난 혁명을 통해 보헤미아 지역도 일정 수준의 자치를 인정받았다. 헝가리에서는 그 무렵부터 마자르인의 관주도 내셔널리즘이 생겨나기 시작하지만, 보헤미아는 달랐다. 보헤미아는 오스트리아제국 내에 있는 슬라브족의 연대를 주장했는데, 이를 오스트리아슬라브주의라고 일컫는다. 오스트리아슬라브주의가 드러난 전형적인 사례가 '팔라츠키 서간'이다.

팔라츠키는 체코의 역사가이자 민족운동의 지도자다. 1848년 혁명의 여파로 독일 연방의 각지에서 통일운동이 거세졌다. 이때 프랑크푸르트에서 프랑크푸르트국민의회가 개최되었고 독일의 자유주의자들이 모여 독일 통일을 향한 방침을 검토했다. 입장은 두 가지로 나뉘었다. 오스트리아를 중심으로 독일을 통일하려는 대독일주의, 오스트리아와 나뉘어서 프로이센을 중심으로 통일하려는 소독일주의였다. 보헤미아의 팔라츠키에게도 대독일주의 대표 가운데 한 사람으로서 회의에 참석하라는 요청이 있었다. 이 참석 요청을 거부한 서간이 팔라츠키 서간으로, 체코의 민족운동을 논할 때 가장 중요한 자료다. 내용이 방대하므로 그 가운데 일부분만을 인용한다.

저는 슬라브족으로 이어지는 체코인 가운데 한 사람이고, 부족하지만 전력을 다해 우리 민족을 위해 헌신해왔습니다. 체코 민족은 작지만, 태고 이래로 고유의 민족성을 가진 명실상부하게 독립된 민족이었습니다. 그 지배자들은 예로부터 독일 군주들의 연방에 가입해왔지만, 체코 민족은 스스로 독일 민족에 속한다고는 결코 생각하지 않았고, 또한 어떠한 시대에도 다른 민족이 체코 민족을 독일 민족의 일부라 여기는 일은 없었습니다.[29]

이 서간에서 팔라츠키는, 무엇보다 먼저 자신이 체코 민족임을 당당히 선언하고 있다.

'우리는 후스의 민족이다'

팔라츠키는 체코 민족의 아버지다. 체코의 민족운동에서 후스의 이야기가 중요한 역할을 담당한다는 점은 앞서 지적한 바 있는데, 팔라츠키는 '우리는 후스의 민족이다'라는 이미지를 유포함으로써 민족 정체성을 확립해갔다. 그리고 종교적으로도 독일 프로테스탄티즘이 아닌, 체코 토착인 후스파의 프로테스탄티즘이라는 이야기를 짓기 시작했다. 요컨대 팔라츠키에 의해 후스의 이야기가 에스니로 발견된 것이다. 다만 팔라츠키는 단순한 체코 민족 독립주의를 주창하지는 않았다. 그의 주장은 오스트

---

[29] 矢田俊隆, 《ハプスブルク帝國史研究》, 岩波書店, 1977.

리아에서 독일을 분리해 체코인·슬로바키아인·폴란드인·슬로베니아인과 같은 슬라브계 민족의 연방으로 오스트리아를 재편해야 한다는 것이었다. 이것이 오스트리아슬라브주의다. 따라서 같은 슬라브족이라 해도 세계 제국을 지향하는 러시아와의 연대는 거부했다. 또한 독일은 독일 내부에서 통합되어야 한다고 여겼으며, 그 과정에 오스트리아제국은 관여하지 않기를 바랐다.

그리하여 팔라츠키는 프랑크푸르트국민의회에 출석해달라는 요청을 뿌리치는 한편, 프라하에서 슬라브민족회의를 개최해 제국 내 슬라브족의 통합을 기치로 내걸었다. 이후 체코의 민족운동은 오스트리아슬라브주의를 기조로 움직였다. 특히 오스트리아-헝가리제국이 성립한 후로는 헝가리왕국 내의 슬라브족인 슬로바키아인과의 연방을 구상하기에 이르렀다. 이 구상은 제1차 세계대전에서 오스트리아-헝가리제국이 패함에 따라 실현되었다. 1918년에 토마시 마사리크Thomáš Garrigue Masaryk는 체코인과 슬로바키아인이라는 형제 민족에 의한 체코슬로바키아공화국을 건설했다. 당시 체코슬로바키아는 가톨릭 80퍼센트, 프로테스탄트 20퍼센트로 구성되어 있었는데, 건국을 위해서는 종교 이념이 중요하다고 여겼던 마사리크는 가톨릭에서 프로테스탄트로 개종했다.

레닌과 중앙아시아의 무슬림 공산주의자

지금부터는 중앙아시아의 역사를 살펴보겠다. 민족 문제라는 테마에서 중앙아시아를 다루려는 이유는 내셔널리즘이 인간을 살해하는 사상으로 배양되는 모습을 여실히 볼 수 있는 사례이기 때문이다.

러시아제국 시대까지의 중앙아시아는 국가가 존재하지 않는 땅이었고, '투르키스탄'이라 불렀다. 근대적인 민족의식은 당연히 없었다. 유목민은 혈연에 기초한 부족 의식을, 농경민은 정주하는 오아시스를 중심으로 한 지연 의식을, 그리고 어느 쪽이되었든 수니파 무슬림(이슬람교도)이라는 종교 의식을 가지고 있었다. 언어는 튀르크계 언어와 페르시아계 언어였고, 두 언어 모두 쓸 수 있는 이들도 많았다. 스탈린은 1920년대부터 1930년대에 걸쳐 투르키스탄에 자의적인 분할선을 그었다. 이는 아마도 러시아혁명이 유럽에 파급되지 않았던 사실과 관계가 있을 것이다.

마르크스주의의 사고에 따르면 자본주의가 가장 발달한 곳에서 혁명이 일어나고, 사회주의로 발전해야 한다. 그런데 현실에서 혁명이 맨 먼저 발생한 곳은 후발 자본주의국가인 러시아였다. 레닌·트로츠키Leon Trotsky·스탈린과 같은 지도부는 러시아혁명이 서구로도 확대될 것이며 세계가 혁명을 맞이하게 되리라고 생각했으나, 그들의 예상은 빗나가고 말았다. 1919년에 독일과 헝가리에서 일어난 혁명은 얼마 지나지 않아 진압되었다. 그러자 스탈린과 레닌은 방향을 보기 좋게 전환했다. '만국의 프롤레타리아여, 단결하라'는 슬로건에 '만국의 피억압 민족이여, 단결하라'를 추가했던 것이다. 이는 본래 서로 모순되는 문장이다. 프롤레타리아의 관점에서 보자면 민족에 의미는 없다. 피억압 민족의 관점에서 보자면 계급 구별은 의미를 지니지 않는다. 이 둘을 함께하게 만들었다는 데 스탈린과 레닌의 수완이 엿보인다.

앞서 겔너의 《민족과 민족주의》를 소개하면서, "잘못된 수신처"라는 마르크스주의자의 변명은 틀렸다고 한 겔너의 지적을 언급했다. 겔너의 말처럼 마르크스주의에는 분명히 민족이 수신처로 지정되어 있었던 것이다. 나아가 레닌은 잠재적인 피억압 민족으로 중앙아시아와 캅카스의 소수민족을 눈여겨보았고, 무슬림 공산주의자라는 개념을 만들어냈다. 이 무슬림 공산주의자에게 중앙아시아에서 사회주의혁명을 실행하게 한다는 것이 레닌의 속셈이었다.

투르키스탄 분할과 만들어진 민족

레닌의 겨냥은 성공했다. 정확하게 표현하자면, 지나치게 성공했다고 하는 편이 맞을 것이다. 투르키스탄에서 무슬림 세력의 힘이 너무 커졌고, 무슬림계 자치공화국이 잇달아 생겨나기 시작한 것이다. 이대로라면 마르크스-레닌주의까지 위험에 처하고 만다. 중앙아시아에 단일 이슬람국가가 탄생할지도 모른다. 스탈린은 이슬람원리주의혁명이 확대되는 것에 점점 더 위기를 느꼈다. 그래서 1920년부터 1930년대까지 위에서부터 여러 민족을 만들어냈다. 다시 말해 투르키스탄을 타지키스탄·우즈베키스탄·키르기스·투르크메니스탄·카자흐스탄 이렇게 다섯의 민족 공화국으로 분할했다.

이들 다섯 공화국은 인위적으로 만들어진 민족인 까닭에 여러 모순이 발생했다. 이를테면 사마르칸트·부하라 같은 도시는 우즈베키스탄에 속하게 되었는데, 이들 도시는 역사적으로는 페르시아계 언어를 쓰는 사람들이 과반수를 점하고 있었으며, 습속도 타지키스탄인에 가까웠다. 그러나 스탈린은 이들 도시를 타지키스탄이 아닌 우즈베키스탄에 속하도록 했다.

또 현재의 키르기스인은 1920년대까지는 카라키르기스인이라 불리었다. 이 카라키르기스인에게는 "너희의 진짜 이름은 키르

■ 다섯 조각으로 분할된 투르키스탄

기스인이다"라고 하고, 그때까지 키르기스인이라 불리었던 사람들에게는 "너희의 진짜 이름은 카자흐인이다"라며 강제로 지정해버렸다. 그리하여 중앙아시아에서는 1920~30년대에 위에서부터 민족이 만들어졌다. 대부분 민족의식이 부재한 곳에서 민족이 창출되었다. 관주도 내셔널리즘의 전형이다. 그 결과는 어땠을까? 소련이 붕괴한 후 중앙아시아의 여러 국가에서는 부족을 중심으로 하는 엘리트 집단이 권력을 쥐었고, 다른 한편으로는 경제적 곤궁 때문에 이슬람원리주의가 확산되었다. 소련 시대에는 나름대로 존재하고 있었던 시민계층도 전통적인 부족사회에

흡수되거나 이슬람에 대한 귀속의식을 강화하는 방향으로 분해가 진행되었다. 1990년대의 타지키스탄 내전과 같이 국가가 분열하고 민족별로 국가가 등장해, 서로 지독한 살육을 자행하는 형태로 민족의식이 높아지고 말았다. 이는 내셔널리즘이 인간을 살해하는 사상이 되었음을 단적으로 드러낸다.

4

우크라이나 위기에서
스코틀랜드 독립 문제까지

우크라이나 위기의 진행과정

지금까지 서술한 내용에 입각해 현재의 국제정세를 생각해보자. 2014년은 신제국주의 시대가 드디어 본격화하기 시작했음을 각인시킨 한 해였다. 이를 상징하는 사건이 우크라이나 위기다. 우크라이나 동부에서는 지금도 정부군과 우크라이나에서 분리독립할 것을 기치로 내건 친러 세력의 전투가 산발적으로 이어지고 있다. 이 지역에서는 내셔널리즘이 글자 그대로 인간을 살해하는 사상으로 자리매김한 것이다.

작금의 우크라이나 위기에 이르게 된 추이를 간단히 되짚어두고자 한다. 2010년 2월 우크라이나 대통령에 취임한 야누코비치 Viktor Yanukovych는 친러파인 한편, EU와의 경제협력 강화를 추진했다. 그런데 2013년 1월에 그때까지 진행해왔던 EU와의 경제협력 강화를 위한 협정 교섭을 갑자기 중지하고, 러시아와의 관계를 강화한다는 방침을 표명했다. 이러한 방침 전환에 반발하는 십수만 명 규모의 반정부 집회가 연일 이어졌고, 치안 부대와의 충돌도 격화되었다. 사망자가 속출하면서 사태는 더욱 긴박해졌다. 야누코비치 대통령은 사태를 타개하고자 야당 쪽에 양보했고 대통령 선거를 앞당겨 실시하는 데 합의했다. 그러나 반정부파의 집회는 수습될 줄 모른 채 격화해 수도 키예프를 장악하기에 이른다. 그 후 야누코비치 대통령은 행방불명되었고, 우크라이나 의회는 소재 불명인 야누코비치 대통령을 해임했으며 대통령 대행에 의한 임시정권이 발족했다.

우크라이나에서 일어난 이 '혁명'에 이어 2014년 3월에는 우크라이나의 크림자치공화국에서 주민투표가 실시되었으며,[30] 러시아 편입을 요구했다. 그리고 러시아는 크림자치공화국의 편입을 결정했다. 2014년 4월 이후에는 친러파 세력이 우크라이나 동부

---

30 우크라이나에서 독립해 러시아로 편입하는 것에 대한 찬반 투표로, 전체 유권자 가운데 96.77퍼센트가 러시아 편입에 찬성했다.

를 장악하고 분리독립을 주장했다. 그러자 새 정권은 치안 부대를 투입했으나 사태는 점점 더 혼미해지는 가운데 내전으로 발전했다. 2014년 9월, 도네츠크 주와 루간스크 주를 실효 지배하는 친러파와 우크라이나 중앙정부 사이에서 정전협정이 체결되었으나, 무력충돌이 완전히 종결된 것은 아니다.

우크라이나 정세의 본질

그러나 이와 같은 현상에서 겉으로 드러나는 사실만을 좇은들, 우크라이나 문제의 본질을 이해할 수 없다. 우크라이나 정세를 읽어내는 열쇠는 우크라이나인이 지닌 복잡한 정체성에 있다. 우크라이나는 서부와 동부·남부에서 역사와 민족의식이 저마다 크게 다르기 때문이다.

우크라이나 서부의 중심인 갈리시아 지방은 원래 야기에우워 왕조 시기 폴란드왕국의 영토였다. 폴란드는 18세기에 접어들자 지방 귀족의 대립에 주변국이 개입하게 되었고, 결국 18세기 후반 인접 국가였던 러시아·프로이센·오스트리아 삼국에 의해 분할되었다. 이때 갈리시아 지방은 오스트리아제국(훗날 오스트리아-헝가리제국)의 합스부르크령이 되었는데 오스트리아-헝가리제국이 제1차 세계대전에서 패하면서 1918년에 붕괴된 후, 다시 폴란드령이 되었다. 제2차 세계대전 때에는 독일과 소련이 잇달아 침공했는데, 갈리시아 지방이 정식으로 소련령 우크라이나에 통합된 것은 제2차 세계대전 후의 일이었다. 그때까지는 러시아에 한 번도 지배받은 적이 없던 땅이었다.

우크라이나 동부의 역사는 서부와 완전히 다르다. 동부 지역은 17세기에 러시아제국령으로 편입되었고, 제1차 세계대전과 러시아혁명을 틈타 독립을 선언했다. 그러나 그 후 내전 상태에 빠졌으며 1920년에 소비에트사회주의공화국연방으로 편입되었다. 역사적으로 우크라이나 동부는 러시아와 관계가 밀접한 지역인 것이다. 친러파가 점거한 동부·남부는 러시아어를 일상적으로 사용하는 주민이 다수파를 차지했다. 종교도 러시아와 마찬가지로 러시아정교회를 믿는다. 러시아정교회란 동로마제국의 국교인 그리스정교회의 교파 가운데 하나로, 이콘icon(성상)을 숭배하며 하급 사제가 아내를 둘 수 있게 하는 등의 특징이 있다. 그러므로 동부·남부의 사람들은 우크라이나 민족이라는 자각을 그렇게까지 강하게 지니고 있지 않았다.

이와 달리 서부의 우크라이나인들은 '우리는 결코 러시아인이 아니며 우크라이나인이다'라는 우크라이나 민족의식이 강하다. 우크라이나 서부에서는 이콘을 숭배하고 하급 사제가 아내를 두는 등 겉으로는 러시아정교회와 비슷하나, 교황의 지휘감독하

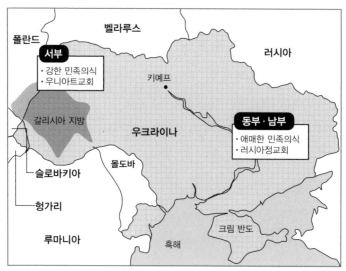

폴란드
벨라루스
러시아

서부
· 강한 민족의식
· 우니아트교회

키예프

갈리시아 지방

우크라이나

동부·남부
· 애매한 민족의식
· 러시아정교회

슬로바키아

몰도바

헝가리

크림 반도

루마니아

흑해

■ 우크라이나의 동부·남부와 서부 비교

에 들어가 있었던 우니아트교회(동방귀일교회·동방전례가톨릭교회·우니아트교회 등은 제3장에서 다시 이야기할 것이다) 신자가 다수였다. 그리고 이번 우크라이나 분쟁에서 기관차 역할을 담당한 것은 서부의 민족주의자들이었다.

서우크라이나의 민족주의에는 오랜 역사가 있다. 소련이 붕괴하던 와중에, 서우크라이나를 중심으로 우크라이나어 사용 등을 호소하며 과격한 민족해방운동이 일어났다. 이 민족해방운동의 중심을 맡은 그룹을 가리켜 루흐(우크라이나어로 '운동'이라는 의미)라 부른다. 특히 우크라이나 민족지상주의의 경향을 띤 그룹이 서우크라이나 루흐였다. 서우크라이나 루흐는 기본적으로 '우크라이나가 독립하면 핵무기를 보전하면서 대국으로서 러시아에 대항하겠다'라는 강경 노선을 채택했다. 이번 우크라이나의 반체제파 중심이 바로 서우크라이나 그룹이다. 그들은 러시아에게서 조국을 완전히 분리시켜 순수한 우크라이나를 구축하고자 하는 염원이 강하다.

현재 우크라이나에서 진행 중인 '혁명'의 배경에는 이와 같이 역사적·문화적으로 뿌리 깊은 대립 구조가 존재한다. 따라서 서부와 동부·남부에서 느끼는 러시아와의 거리감도 전혀 다르다. 서부의 민족주의자들은 러시아의 영향을 배제하고 EU와의 연대를 강화하고자 하는 반면, 동부·남부는 러시아에 강한 친근감을 나타내며 우크라이나에서의 분리독립에도 긍정적인 주민이 다수 존재한다.

아일랜드, 서로 다른 정체성의 충돌

우크라이나에서 벌어지고 있는 서로 다른 내셔널리즘의 충돌을 어떻게 독해할 수 있을까? 여기에서도 아날로지로 사고하는 것이 지극히 유효하다.

아날로지의 모델로서 제1장에서도 다른 영국의 역사 교과서

《제국의 충격》을 참조해보기로 한다. 《제국의 충격》의 제9장에는 〈아일랜드: 왜 사람들은 아일랜드와 영제국에 대해 상이한 역사를 말하는가?〉라는 제목이 달려 있다. 이 제9장에서는 먼저 두 차례의 전투를 설명한다. 하나는 1914년에 발발한 제1차 세계대전으로, 영국 국왕과 영제국을 위해 20만 명 이상의 아일랜드인이 참전했고, 그 가운데 3만 명 이상이 목숨을 잃었다는 사실을 서술한다. 교과서에서는 아일랜드인이 '병사 모집' 포스터를 통해 입대를 권유받았으며 대다수가 영국 국왕에게 충성을 맹세했다고 설명하고 있다. 다른 하나는 제1차 세계대전이 진행 중이었던 1916년, 아일랜드의 수도 더블린에서 일단의 아일랜드인이 무장봉기해(부활절 봉기) 아일랜드공화국 수립을 선언한 후 영국군에 진압당한 전투였다. 두 가지 사실에 입각해 교과서는 다음과 같이 적고 있다.

하나의 섬에 서로 다른 두 가지 태도가 존재했던 것이다. 다시 말해 프랑스에서 영국 국왕과 제국을 위해 싸우며 죽음도 불사한 아일랜드인들이 존재하는 한편, 더블린에서 국왕과 제국에 대항해 죽음을 각오하고 전투에 임한 아일랜드인들도 존재했다.[31]

---

[31] Michael Riley, Jamie Byrom, and Christopher Culpin, *The Impact of Empires*,

그런 다음 과제를 제시한다. 어떤 과제인가 하면, 한 라디오 프로그램에 참여한다고 가정한 후 자신의 의견을 서술하라는 내용이다. 여기에는 자기 자신이 영국의 일원이라고 느끼는 '유니오니스트unioniste(아일랜드 자치에 반대하는 통일당원) 이언Iain'과, 아일랜드인이라는 사실에 강한 민족 정체성을 가지는 '내셔널리스트 패트릭Patrick'이라는 대조적인 두 사람의 청취자 모델이 등장한다. 이 두 사람은 다음과 같이 발언한다.

"제 이름은 이언입니다. 저는 유니오니스트입니다. 저는 제가 영국의 일원이라고 느끼고 있으며, 아일랜드가 영국의 일부로 계속 존재했으면 좋겠다고 생각해요. 제 할아버지는 솜 전투에서 영국을 위해 싸웠습니다. 저는 ⋯⋯라고 생각합니다. 저는, 부활절 봉기는 ⋯⋯라고 생각해요."

"저는 패트릭이라고 합니다. 저는 내셔널리스트입니다. 저는 북아일랜드가 영국의 지배에서 벗어나야 한다고 생각합니다. 제 할아버지는 부활절 봉기에 참가한 바 있습니다. 저는, 그건 ⋯⋯였다고 생각해요. 저는 영국군에 속해 싸웠던 이 아일랜드인들은 ⋯⋯였

Hodder Education, 2008.

다고 생각합니다."[32]

말줄임표는 독자 스스로 채워야 하는 부분이다. 어떻게 채우면 좋을지 생각을 돕기 위해서, 교과서에서는 영국과 아일랜드의 역사적 관계를 다음과 같이 서술하고 있다. 애당초 아일랜드는 대다수가 가톨릭이었으나 스페인이 잉글랜드를 공격하는 거점으로 아일랜드를 이용하면서 잉글랜드가 아일랜드 단속에 나섰으며, 나중에는 프로테스탄트가 아일랜드에 정착하게 되었다. 나아가 17세기에는 잉글랜드 내전에서 승리한 올리버 크롬웰Oliver Cromwell이 아일랜드를 침공해 4만 명의 아일랜드인을 농장에서 내쫓고 그들의 토지를 병사들에게 나누어주었다고 한다. 19세기가 되자 아일랜드는 영국의 정식 식민지가 되었다. 19세기 중반에 아일랜드를 덮친 기근으로 약 100만 명이 굶어 죽었지만, 영국 정부는 냉담한 태도를 보였을 따름이다. 이러한 경위 속에서 아일랜드는 간헐적으로 저항을 거듭했으며, 1922년 북부 아일랜드(얼스터 6주)는 영국의 일부로 잔류하고 나머지 지역은 아일랜드자유국(1949년에 아일랜드공화국으로 개칭)으로 독립했다.

---

[32] Michael Riley, Jamie Byrom, and Christopher Culpin, 앞의 책.

동질성과 내셔널리즘의 상관관계

우크라이나 위기와 아일랜드 문제는 어떠한 점에서 아날로지를 구성할 수 있을까? 내셔널리즘의 충돌을 사고할 때 중요한 것은 아일랜드와 우크라이나 모두 동질성이 높은 지역에서 서로 죽고 죽이는 일이 벌어졌다는 점이다.

아일랜드인 가운데는 영국 사회에서 중산계급으로 상승한 사람도 있었다. 아일랜드인 대다수는 복합적인 정체성의 소유자라고 볼 수 있다. 동질성이 높으면 폭력적인 충돌이 일어나기 어렵다고 생각하기 쉽지만, 사실은 정반대다. 내셔널리즘은 동질성이 높을수록 그 차이를 둘러싸고 폭발하기 쉽다. 우크라이나인과 러시아인은 같은 동슬라브족이므로 동질성이 비교적 높다고 할 수 있다. 영국 교과서에 대입해보면, 러시아와의 협조를 요구하는 동부·남부의 우크라이나인이 이언의 입장이고, 러시아의 영향을 배제하며 친미·친유럽을 내건 서부 우크라이나인이 패트릭의 입장이라고 할 수 있다.

우크라이나가 독립한 것은 소련이 붕괴한 1991년으로, 대략 4반세기 전의 일이다. 40대 이상의 우크라이나인은 소련인으로서 보낸 햇수도 적지 않아, 정체성도 복잡해졌다. 그들은 지금 러시아인인지 아니면 우크라이나인인지 한 가지 정체성을 선택하도록 강요당하고 있다. 그리고 그 선택에 따라 이웃과 서로 죽고 죽이는 상황이 빚어지고 마는 것이다. 이와 같이 아일랜드의 역사를 참조하면, 우크라이나 위기의 구도는 동질성이 높은 내셔널리즘의 충돌이라는 형태로 정리할 수 있을 것이다.

스코틀랜드 독립 문제

2014년 9월 18일에 시행된 스코틀랜드 독립에 대한 찬반을 묻는 주민투표에서도 앞서 살펴본 우크라이나 및 아일랜드와 똑같은 구도를 발견할 수 있다.

1707년의 연합법Acts of Union 1707에 따라 스코틀랜드는 잉글랜드(웨일스 포함)에 병합되었다. 그때까지 스코틀랜드는 독립된 왕국이었다. 한 민족의 기억은 300년 정도로는 소멸되지 않는다. 주민투표 당시 스코틀랜드인들이 두려워한 것은 이대로 인재와 자원이 유출되어 런던에 착취당할 미래였다. 530만 명 정도의 인구를 가지고 그들 스스로 꾸려나가는 편이 더 풍요로울 수 있다는 계산을 했을지도 모른다. 잉글랜드와 격차가 벌어지고, 독자적인 언어도 쇠퇴하며, 군사 부담도 지나치게 부과될 터였다. 이러한 문제 제기와 더불어 민족의식에 불이 붙었다. 다행스럽게도 스코틀랜드에서는 서로 죽고 죽이는 대신 주민투표라는 형태로 정체성 선택이 이루어졌다.

그러나 무력충돌이 생겨날 가능성이 없었던 것은 아니다. 가령 스코틀랜드가 독립을 가결했다면 어떠했을까? 북해 유전은 스코틀랜드의 배타적 경제수역 내에 있다. 따라서 스코틀랜드가 독립할 경우, 영국은 북해 유전을 상실한다. 영국이 이를 순순히 받아들였을 리는 없었을 것이다. 그렇게 되면 잉글랜드-스코틀랜드전쟁이 발발하거나, 또는 스코틀랜드 내부에서 잉글랜드 통합파와 스코틀랜드 독립파가 충돌을 빚게 될 것이다. 실제로는 독립을 반대하는 표가 찬성표를 웃돌았고, 스코틀랜드는 영국에 잔류하게 되었다. 그러나 이로써 모든 것이 해결되었다고 생각할 수는 없다.

그리스어에는 '크로노스cronos'와 '카이로스kairos'라는 두 가지의 서로 다른 시간 개념이 존재한다. 크로노스란, 매일 흘러가는 시간을 가리킨다. 연표나 시계열로 나타낼 수 있는 시간은 크로노스다. 이와 달리 카이로스는 어느 사건이 일어나기 전과 일어난 후 의미가 달라지는, 크로노스를 잘라내는 시간이다. 영어로는 타이밍(시기)에 해당한다. 스코틀랜드의 주민투표를 통해 잉글랜드인과 스코틀랜드인은 서로 카이로스가 다르다는 점이 가시화되었다. 주민투표가 시행될 즈음, 영국 정부뿐 아니라 여당과 야당 모두가 독립에 반대했고 '독립하면 경제적으로 곤궁해

■ 영국은 잉글랜드·스코틀랜드·웨일스·북아일랜드로 구성되어 있다.

질 것이라며 스코틀랜드에 압력을 가했다. 영국의 이러한 대응에 수많은 스코틀랜드인들은 자신들이 차별당하고 있다는 인식을 품었다. 요컨대 스코틀랜드인 입장에서 2014년의 주민투표는 고통스러웠던 300년 전의 기억을 되살린 카이로스였던 셈이다. 그러나 영국인에게는 그들과 같은 의식은 없었다.

'흐릿한 제국' 영국, 그 모호한 결속

아마 이 주민투표 결과를 근거로 삼는다 해도 스코틀랜드 독립파가 분리독립을 포기할 가능성은 없다. 북해 유전으로 얻는 세수 분배, 스코틀랜드에 있는 영국 유일의 원자력 잠수함 기지 이전 등에 대한 교섭은 그렇게 간단히 타협점을 찾아낼 수 있는 문제가 아니다. 그렇다면 몇 년이 지난 후 스코틀랜드 자치정부가 다시금 독립 찬반을 묻는 주민투표 시행을 제기할 가능성도 충분히 존재한다. 그때 영국 정부가 주민투표는 불필요하다며 거부한다면 스코틀랜드와 영국 정부의 관계에는 또다시 긴장이 고조될 것이다.

영국은 지금까지 서술해왔던 근대 국민국가의 모습과는 조금 다른 데가 있다. 앤더슨의 말을 빌리자면 '그레이트브리튼과 북아일랜드 연합왕국'이라는 국명 안에 민족을 시사하는 단어는 어디에도 없다. 잉글랜드인·스코틀랜드인·웨일스인·아일랜드인은 민족을 가리키는 이름이다. 그러나 그레이트브리튼인·북아일랜드인이라는 민족은 존재하지 않는다. 이는, 영국이 왕 또는 여왕의 이름하에 민족을 초월하는 원리로 사람들을 통합해왔음을 시사한다. 앞서 이야기한 아일랜드 문제나 현재의 스코틀랜드 문제는 이와 같은 영국 특유의 통합 방식이 한계에 부딪혔음을 드러내는 사건인지도 모른다. 겔너 또한 영국의 특수성을 "영국은 흐릿한 상태 그대로 제국이 되었다"고 표현했다. 이 말을 뒷받침하기라도 하듯 《제국의 충격》은 영국의 인도 지배를 주제로 한 꼭지에서 다음과 같은 질문을 던진다.

> 많은 영국인 역사가들은, 오늘날까지 영국인이 최종적으로 인도를 지배하게 되었던 것은 다소간 우연의 결과였다고 주장하고 있다. 독자 여러분은 어떻게 생각하는가? 영국인은 그저 '어느새 지배자가 된 자들'이었을까? 아니면 그들은 스스로의 행위를 제대로 이해하고 있었을까?[33]

영국 정부가 스코틀랜드인의 심정을 이해하지 못하고 계속 흐릿한 태도로 '어쩌다 보니 지배자가 되었다'고 여긴다면, 스코틀랜드의 내셔널리즘은 앞으로도 사그라지지 않은 채 연기를 피우고 있을 것이다.

---

[33] Michael Riley, Jamie Byrom, and Christopher Culpin, 앞의 책.

스코틀랜드에 동조하는 오키나와

스코틀랜드 독립운동을 대면한 일본의 언론매체 다수는 지역 간 격차 같은 식의 지역주의 관점으로 이 문제를 보도했다. 이는 일본인 기자 대부분이 런던의 중앙정부나 잉글랜드인의 세계관에 입각해 스코틀랜드를 바라본다는 증거다. 일본의 언론매체는 스코틀랜드 독립운동이 민족 문제라는 사실을 경시하고 있는 것이다. 언론매체의 보도뿐 아니라 일본인은 규모가 큰 민족이기 때문에 소수파의 발상이나 감정을 이해하는 데 서투른 면이 있다. 반면 오키나와의 보도는 달랐다.《류큐신보琉球新報》2014년 9월 20일 자의 사설은 스코틀랜드의 독립을 묻는 주민투표를 가리켜 "세계사적으로 중요한 의의가 있다"라고 하며 논의를 다음과 같이 마무리했다.

냉전이 종결된 후, EU처럼 국가를 초월하는 시스템이 생겨나는 한편, 지역의 분리독립을 위한 움직임도 가속화하고 있다. 국가 기능의 한계가 표출되었다고 할 수 있겠다. 더욱 작은 단위의 자기결정권 확립이 더는 무시할 수 없는 국제적 조류로 자리 잡고 있는 것이다. 오키나와도 이 경험에서 깊이 배워 오키나와의 자기결정권 확립으로 이어질 수 있게 해야 할 것이다.

오카나와인 입장에서 보자면, 스코틀랜드의 주민투표는 결코 남의 일처럼 여겨지지 않는다. 본토의 일본인과 오키나와인은 같은 사건을 다른 의미로 받아들이고 있다. 다시 말해 잉글랜드인과 스코틀랜드인처럼 본토의 일본인과 오키나와인 사이에서도 카이로스가 다른 것이다. 스코틀랜드의 주민투표가 있고 약 두 달 후인 2014년 11월 14일에 오키나와 현지사 선거가 있었는데, 오키나와 현으로의 미국 해병대 후텐마 기지 이전과 헤노코 신기지 건설에 반대하는 전 나하시장 오나가 다케시翁長雄志가 당선되었다. 오키나와 언론매체는 현지사 선거를 의식하고 스코틀랜드의 주민투표를 보도했던 것이다. 이 선거는 오키나와의 자기결정권을 주장하는 오나가 후보와, 이미 오키나와인은 일본에 완전히 동화되었다고 여기는 발언과 행동을 노골적으로 해온 나카이마 히로카즈仲井眞弘多 전 지사를 놓고 시행되는, 오키나와의 자기결정권을 둘러싼 주민투표라는 요소를 갖추고 있었기 때문이다. 오나가 후보가 약 10만 표 차이로 당선된 배경에는 미군기지를 건설하는 데 드는 추가비용의 부담을 거부하겠다는 오키나와인의 강한 의지가 담겨 있다.

내셔널리즘에 대한 처방전

개인적으로는 최근 몇 년 동안 앤서니 스미스가 말했던 에스니가 오키나와에서 강화되어왔다고 본다. 이미 오키나와(류큐) 민족이라는 네이션이 형성되는 초기 단계에 들어섰다고 보는 편이 맞을지도 모른다. 그러나 대부분의 일본인에게는 이 현실이 보이지 않는다. 오키나와의 에스니는 오키나와 땅에 자신의 뿌리가 있다는 자의식을 가진 사람들과, 오키나와 외부에 있지만 오키나와 공동체에 자각적으로 참여할 의사가 있는 사람들 사이에서 형성되고 있다. 게다가 미군 기지 이전 문제, 미군 수송기 MV-22 오스프리 배치 문제를 통해 오키나와인은 오키나와에 대한 본토의 차별과 무관심을 더욱 강하게 자각하게 되었다.

앞에서 소개했듯이 《제국의 충격》에서는 이언과 패트릭이라는 정반대의 입장에 각각 서서 아일랜드 문제를 고찰할 것을 독자에게 요청했다. 그리고 이 책은 아일랜드 문제를 다룬 장에서 다음과 같은 물음을 던진다.

당신이 대체 어떠한 사람인가를 결정하는 최대의 요소 가운데 하나는 계승되어온 문화적 유산, 즉 당신의 역사 속에 존재한다. 그러나 서로 다른 사람들이 서로 다른 관점으로 같은 사건을 바라보

앗을 때, 과연 역사는 여전히 같은 것일 수 있을까?[34]

　하나의 사실에 다양한 견해가 존재한다는 점을 이해하면 사고의 폭이 넓어진다. 그리고 나와 다른 관점이나 사고방식을 지닌 사람이 있어도 감정적으로 반발하는 일이 적어질 것이다. 쉽게 말하자면, '타인의 입장에서 생각하는' 일이 내셔널리즘 시대에는 결정적으로 중요한 가치를 띠게 된다. 이번 장에서 보았듯 세계사에서 내셔널리즘이 고양했던 시대는 제국주의 시대와 겹친다. 자본주의가 발달하고 세계화가 진행된 결과, 제국주의 시대가 찾아온다는 사실은 앞 장에서 설명했다. 이와 동시에, 제국주의 시대에는 국내에 커다란 격차가 발생해 수많은 사람들의 정신이 공동화空洞化한다. 이 빈 곳을 메울 가장 강력한 사상이 내셔널리즘인 것이다. 신제국주의가 진행되고 있는 현재, 내셔널리즘이 다시금 소생하고 있다. 합리성만으로는 설명되지 않는 내셔널리즘은 근현대인의 종교라고도 할 수 있다. 종교인 이상, 누구든 무의식 차원이라 하더라도 내셔널리즘을 각자의 내면에 품고 있다. 내셔널리즘의 폭주를 저지하기 위해 역사에는 다양한 견해가 있음을 깨달아야 한다.

---

[34] Michael Riley, Jamie Byrom, and Christopher Culpin, 앞의 책.

민족과 내셔널리즘을 독해하기 위한 책

시오카와 노부아키 지음, 송석원 옮김, 《민족과 네이션民族とネイション ナショナリズムと いう難問》, 이담북스, 2015.

국민국가가 등장한 후 구제국주의 시대를 거쳐 현재에 이르기까지 민족을 둘러싼 여러 문 제를 적확하게 정리했다. 에스니시티·네이션·내셔널리즘 등에 대한 이론 해설도 명쾌하다.

《小說 琉球處分(소설 류큐처분)》, 講談社, 2010.

1872년 류큐 번 설치에서 1879년 폐번치현에 이르는 과정인 류큐처분을 테마로 한 역사소 설이다. 메이지 정부와 류큐의 교섭 과정, 양쪽의 밀고 당기기, 류큐 내부의 동요 등을 드 라마틱하게 그려낸다. 오키나와인의 내재적 논리를 파악할 수 있게 해주는 책이다.

제3장

종교 분쟁을
독해하는 비결:

IS와 EU를
역사적으로
이해하기

■ 기독교의 역사

연도	주요 사건
기원전 7~4년경	예수 탄생
30년경	예수 처형
34년경	사울의 회심
313년	밀라노칙령
392년	로마제국 국교 공인
1054년	동서 교회의 대분열
1414~18년	콘스탄츠공의회(1415년, 후스 화형)
1517년	루터의 종교개혁 시작
1534년	예수회 창설
1545~63년	트리엔트공의회
1618~48년	30년전쟁
1648년	베스트팔렌조약 체결
1914~18년	제1차 세계대전
1919년	칼 바르트, 《로마서 강해》 간행

■ 이슬람교의 역사

연도	주요 사건
570년경	무함마드 탄생
622년	헤지라
630년	메카 무혈 점령
661년	알리 암살 우마이야왕조 성립
1501년	이란, 사파비왕조 성립
1914~18년	제1차 세계대전
1915~17년	영국의 삼중외교
1922년	영국, 팔레스타인 위임통치령 조항 발동
1948년	이스라엘 건국, 제1차 중동전쟁
1963년	백색혁명 시작
1979년	이란혁명

이 장의 목적은 종교에 관한 세계사적인 지식을 익혀 현대에서 벌어지고 있는 종교 분쟁을 독해하는 것이다. 팔레스타인 정세와 IS의 대두 등 현대의 분쟁이나 전쟁에는 종교적인 대립이 뿌리 깊게 관계되어 있다. 기독교와 이슬람교의 대립이라는 서로 다른 종교 간 대립에다, 이슬람의 수니Sunni파와 시아Shiah파의 대립으로 대표되듯 각 종교 내부에서도 상이한 종파가 대립하고 있다.

이번 장에서는 먼저 시사적인 문제 두 가지를 다룰 것이다. 하나는 IS이고, 다른 하나는 바티칸시국(교황청)이다. 이 둘을 보면 기독교와 이슬람교가 현대의 국제정세와 어떻게 관계되어 있는가를 파악할 수 있다. 그런 다음 기독교와 이슬람교의 역사를 살펴볼 텐데, 이미 설명했듯이 각각의 종교사를 개설하지는 않을 것이다. 현재의 상황을 파악하고자 할 때 유익할 사항만 엄선할 생각이다. 그리고 마지막으로 다시 한 번, 전쟁의 시대이자 신제국주의 시대인 현재를 되묻고자 한다. IS와 EU 등 국가나 민족을 초월한 네트워크의 움직임이 첨예화하는 현상을, 종교의 역사에 입각해 확실히 짚어볼 생각이다.

서문에서도 언급했지만, 신제국주의 시대는 자본주의·내셔널리즘·종교라는 세 요소가 얽히고설키며 움직이고 있다. 제1장과 제2장의 논의도 곁들여가면서 전쟁을 저지하기 위해 현재와 어떻게 마주해야 하는가를 고민해보도록 하자.

1

IS와 바티칸시국
-세계의 움직임

시리아에서 시작된 IS 문제

IS 문제부터 들여다보자. 2014년 6월 이후, 이슬람 수니파 무장
집단인 ISIS(이슬람·시리아 이슬람국가, 이후 이슬람국가IS로 개칭)가
국제정세를 크게 뒤흔들었다. IS의 확대는 시리아 정세와 관계
가 깊다. 시리아 정세를 읽을 때 중요한 키워드가 알라위Alawi파
다. 시리아의 바샤르 알아사드Bashar al-Assad 정권은 알라위파가
설립했다. 일본의 언론들은 알라위파가 시아파 가운데 하나라고
보도했으나, 이 둘은 완전히 다르다. 알라위파는 기독교와 토착
산악종교 등 다양한 요소가 섞여 있는 특수한 토착 종교다. 이

를테면 일신교에는 없는 윤회와 환생을 인정하며, 한편으로는 크리스마스를 기념한다. 시리아 국민의 70퍼센트는 수니파이며, 알라위파는 10퍼센트 정도다. 소수에 불과한 알라위파가 시리아를 지배할 수 있었던 이유는 프랑스가 시리아를 위임·통치하던 시대의 영향 때문이다.

제1차 세계대전 후 시리아는 프랑스의 위임통치령이 되었다. 프랑스는 시리아를 지배하기 위해 알라위파를 중용했고, 현지 행정과 경찰·비밀경찰에 알라위파를 임명했다. 식민지를 지배할 때 소수파를 우대하는 것은 상투적인 수단이다. 다수파 민족이나 종교집단을 우대하면 독립운동으로 번질 수 있기 때문에 소수파를 우대함으로써 종주국에 의존하도록 만드는 것이다. 1994년에 제노사이드genocide[35]가 벌어진 르완다에서도 종주국인 벨기에는 소수파인 투치족을 다수파인 후투족보다 더 우대한 바 있다. 이와 같은 특수한 사정을 떠안고 있었던 시리아에 아랍의 봄이 밀어닥쳤을 때, 상황은 어떻게 전개되었을까? 아랍의 봄이 일어난 거의 대부분의 국가에서 반체제세력이자 수니파인 무슬림동포단이 존재를 드러냈다.

---

[35] 집단학살. 인종·이념 등의 대립을 이유로 특정집단의 구성원을 완전히 없앨 목적으로 학살하는 행위를 말한다.

그러나 시리아에는 무슬림동포단이 없었다. 현재 알아사드 대통령의 부친인 하페즈 알아사드Hafez Al-Assad 전 대통령이 몰살시켰기 때문이다. 사정이 그러한 까닭에, 반체제운동이 일어났어도 통일성을 갖출 기미가 조금도 보이지 않았다. 결국 시리아는 내전 상태에 빠지고 말았다. 나아가 알아사드의 지원을 받아 레바논에서 들어온 시아파의 과격파 무장세력인 헤즈볼라 Hizbollah(레바논 이슬람 저항을 위한 신의 당)가 혼란을 가속화시켰다. 덕분에 알아사드 쪽은 세력을 회복할 수 있었다. 그러자 이번에는 시아파에 대항하기 위해 알카에다alQaeda계 사람들이 시리아에 들어와서 대혼란에 빠졌다. 여기에 편승한 것이 바로 IS다.

IS는 왜 이라크를 노렸는가

IS는 반체제파를 공격해 자금과 무기를 획득하고, 시리아 북부를 제압해 이라크로 세력을 확대했다. 왜 이라크였을까? 2014년 6월 3일에 치러진 시리아 대통령 선거에서 알아사드가 승리하자, IS는 알아사드 정권이 간단히 무너지지 않으리라고 예측했다. 게다가 시리아에서 활동을 계속할 경우 알아사드 정권이 가할 보복도 두려워했다. 그럼 어디로 가야 할까. IS가 보기에 이라크가 적격이었다.

지정학적으로 보면 이라크에는 유전이 있다. IS는 시리아 최대 유전인 오마르 유전을 장악했으나 이곳의 일일 생산량은 7만 5,000배럴에 불과하다. 반면 이라크에 있는 유전의 생산량은 자릿수가 다르다. 쿠르드족이 장악한 키르쿠크 유전만 해도 일일 생산량이 수십만 배럴에 이른다. 더욱 중요한 것은 이라크에서는 수니파의 정체성이 변용되었다는 점이다. 후세인 정권 시절의 이라크는 이란과 대립 상태에 있었기 때문에, 독재 치하였다고는 하나 기본적으로는 이라크인이라는 국민의식이 존재했다. 수니파인지 아니면 시아파인지는 그다지 큰 문제가 아니었다. 그런데 신생 이라크에서는 다수파인 시아파가 권력을 쥐었고 수니파는 푸대접을 받았다. IS는 바로 그 지점을 파고들었고, 이라크의 수니파도 IS에 복종하기 시작했다. 이렇게 해서 IS는 이라크에서 급속도로 세력을 확대했던 것이다.

이 시리아 문제와 이라크 문제가 중동 정세에 어떠한 변화를 가져올 것인가? 핵심은 미국과 이란의 접근에 있다. IS의 침공을 받은 시점에 이라크를 통치하고 있었던 말리키 정권은 시아파의 분파인 12이맘imām파에 속했다. 말리키 정권은 쉽게 말해 미국의 괴뢰정권인데, 종교적으로는 이란의 국교인 시아파와 같은 뿌리였던 것이다. 그러한 까닭에, 이란 입장에서 현재의 이라크는 지원해야 할 대상이다. 미국 또한 IS를 배제하고자 했다. 미국과 이해관계가 맞아떨어지자 이란의 하산 로하니Hassan Rouhani 대통령은 "필요하다면 미국과 협력하겠다"라는 발언을 했다. 이란은 반미 정권으로 알려져 있으나 온건파인 로하니 대통령이 집권한 후로는 미국에 양보하고 다가서는 자세를 보였다. 그리하여 이번 이라크 문제에서 미국과 이란 양쪽이 이라크를 지원하는 보기 드문 상황이 벌어졌던 것이다.

IS는 국가 지배를 목표로 삼고 있지 않다. 이슬람혁명을 기치로 내걸고, 전 세계를 이슬람화하겠다는 것이 그들의 목표다. 앞서 아일랜드의 역사와 우크라이나 정세를 아날로지적으로 파악하면서 이언과 패트릭을 '우크라이나 동·남부의 친러파 무장 세력'과 '우크라이나 서부의 친서구파'에 견주어 이야기했다. 다시 현실로 눈을 돌리면 이들 배후에 있는 러시아와 미국의 대립은 더욱 심각해지는 중이다. 러시아와 미국의 대립이 깊어질수록 IS의 기쁨도 커진다. 그렇기 때문에 더더욱 '이언인가 패트릭인가', '친러인가 친미인가'처럼 둘 가운데 무엇을 택해야 할지 고민하는 태도에 거리를 두고 국제정세를 냉정히 바라보아야 한다.

지금까지 시아파·수니파·12이맘파 등 갖가지 이슬람 종파의 이름들이 언급되었다. 이들 종파의 차이를 분명히 파악하고 있는가? 종파 간 차이는 이번 장의 후반부에서 자세히 해설하기로 하고, 지금은 현재의 국제정세에 대한 분석을 이어가고자 한다.

이슬람원리주의의 특징

IS나 알카에다로 대표되는 이슬람원리주의의 특징은 앞서 서술했듯이 단일 칼리프caliph(황제)가 지배하는 세계제국 수립을 지향한다는 점이다. 그리고 세계제국 수립을 위한 행동은 반드시 성공을 거둔다. 반드시 성공한다니, 무슨 의미일까? 이슬람원리주의를 위해 행동한 이슬람혁명이 성공하면, 당연히 성공한 것이다. 한편 그 과정에서 전사하더라도 알라를 위해 싸우다 순교한 셈이므로 저세상에서 행복을 얻는다. 따라서 이 또한 성공한 것이다. 이처럼 이슬람원리주의 교의에 따른다면, 혁명에 참여할 경우 반드시 승리하게 되어 있다. IS는 인터넷을 사용해 그들의 주장을 널리 알리며 민족·부족·국가를 초월해 세력을 네트워크화하려고 한다. 이러한 체제하에서는 이슬람주의에 귀의한 사람들에 의해 구성되는 권력의 중심이 주변을 철저히 수탈하는 제국주의가 출현한다. 아마도 오스만제국이 그러한 이미지의 바탕을 이루고 있을 것이다. 이슬람 제국주의가 폭주한다면 네트워크의 이점을 살려 서구와 일본까지도 공격이나 수탈의 대상으로 삼을 가능성이 있다.

교황이 생전 퇴위를 선택한 배경

이 위기를 심각하게 인식하고 있는 곳이 바로 바티칸(교황청)이다. 2013년 2월, 바티칸에서는 이례적인 사건이 있었다. 교황 베네딕토 16세Benedictus XVI의 생전 퇴위였다. 같은 해 3월에는 아르헨티나 출신의 새 교황 프란치스코Francisco가 즉위했다. 베네딕토 16세는 퇴위하는 이유를 고령에 접어들어 체력이 감퇴한 탓이라고 설명했다. 일본인 대부분은 베네딕토 16세의 퇴위에 관심이 희박했고, 언론매체에서도 별로 보도하지 않았다. 그러나 이 사건에는 커다란 의미가 있다. 왜 이 일이 이례적인 사건인지를 이해하려면 아날로지적인 관점이 필요할 것이다.

교황의 생전 퇴위는 1415년 그레고리우스 12세Gregorius XII 이후 598년 만에 일어난 사건이다. 당시는 세 명의 교황이 정립鼎立하고 있던 때였다. 1414년부터 1418년에 걸쳐 독일 콘스탄츠에서 교회 분열을 해결하기 위한 공의회가 열렸고, 1415년 7월에는 보헤미아의 얀 후스를 이단으로 몰아 화형에 처했다. 이후 후스의 사상이 마르틴 루터에게 영향을 주어 종교개혁이 일어났다. 다만 종교개혁은 프로테스탄트에서 쓰는 용어이며, 가톨릭에서는 '신앙 분열'이라고 일컫는다. 후스를 화형에 처한 후, 교회는 정립 상태에 있던 교황들을 모두 퇴위시키고 새로운 교황인 마르티노 5세Martin V를 선출해 교회의 통일을 회복했다. 따라서 2013년 베네딕토 16세의 퇴위는 가톨릭교회가 당시와 필적할 만한 위기를 인식하고 있음을 시사하는 사건이다. 성직자에 의한 교회 운영방식에 대한 의견이나, 피임을 허용하고 동성애를 인정해달라고 요구하는 신자들의 목소리에 어떻게 대응할 것인가에 관한 고민은 가톨릭교회 내부에도 있었다. 하지만 이번 위기의식의 근원은 다른 데 있었다. 바로 이슬람 과격파에 대한 대응이다.

바티칸의 세계 전략

교황은 불가류성不可謬性을 지닌다.[36] 일반적으로는 교황이 내린 결정은 언제나 옳으며, 결코 오류를 범하지 않는다고 해석하는데 이러한 해석은 정확하지 않다. 불가류성은 '모든' 사안에 대한 판단에서 교황이 틀릴 리 없다는 의미가 아니다. 신앙과 도덕에 관한 교의에 한정된 의미다. 다만 도덕에는 사회윤리에 속하는 사항이 있다. 이들 사항은 정치·사회·경제에도 영향을 미치기 때문에 교황이 제시하는 도덕 지침은 사실상의 정치 문제

---

[36] 1870년 제1차 바티칸공의회에서 확정된 교리로, 흔히 신앙 및 도덕에 관해 가톨릭 교회의 수장인 교황이 엄숙하게 내린 결정에는 오류가 없다는 의미로 해석한다.

가 된다. 나아가 교황은 현실에서도 정치적인 권력을 가진다. 바로 바티칸시국이라는 국가의 수장으로서 지니는 기능이다.

바티칸은 이러한 권력을 배경으로 한 세계 전략을 가지고 있다. 좀더 자세히 살펴보자. 1958년에 요한 23세Johannes XXIII가 교황에 취임했다. 개혁파였던 요한 23세는 제2차 바티칸공의회를 개최했다. 이는 역사상 처음으로 전 세계 5대륙에서 모인 회의로, 이후 교회개혁의 기점이 되기도 했다. 이 공의회를 통해 이슬람·프로테스탄트·무신론자·공산주의와 대화하겠다는 '대화 노선'으로 방향이 바뀌었다. 제2차 바티칸공의회에서 도출된 대화 노선은 폴란드 출신인 요한 바오로 2세Johannes Paulus II가 1978년에 교황에 취임하며 다시 한 번 크게 바뀐다. 그는 중유럽과 동유럽의 사회주의국가에서 배출된 첫 번째 교황이라는 점에서 커다란 주목을 받았다. 그는 공산주의를 소탕할 방침을 내걸었다. 그를 이론적으로 뒷받침한 사람이 2013년에 사임한 베네딕토 16세였다. 베네딕토 16세는 2006년에 이슬람의 성전(지하드)을 비판한 바 있다. 이는 교황의 개인적인 발언이 아니라, 바티칸의 전략에 기초한 것이다. 떠오르는 이슬람을 봉쇄하고 가톨릭이 세력을 회복해 반격에 나서려는 의도였다.

바티칸의 세계 전략 첫 단계는 요한 바오로 2세 시대에 공산주의를 붕괴시키는 것이었다. 이 전략은 1991년 소련 붕괴로 실현되었다. 두 번째 단계는 이슬람에 대한 전략이다. 기독교가 반격에 나서려면 자신보다 젊고 건강한 교황이 중심이 되어 전략을 세우고 실행하지 않으면 안 된다. 개인적으로는 그러한 까닭에 베네딕토 16세의 이례적인 생전 퇴위가 이루어졌다고 본다.

바티칸이 이슬람원리주의를 봉쇄하기 위해 내놓은 수단은 '대화'다. 다만 요한 23세의 대화 노선과는 다르다는 데 주의할 필요가 있다. 먼저 이문화와의 대화를 통해 이슬람 온건파를 아군으로 삼는다. 그리고 아군이 된 이슬람교도가 '테러 행위를 벌이는 과격파로 인해 우리 이슬람교가 세계의 적으로 몰려서는 안된다. 그러므로 과격파가 물러나기를 바라'라고 여길 수 있도록 유도한다. 대략 이러한 시나리오를 그리고 있는 것이다.

한편 바티칸 입장에서 이슬람 과격파 다음으로 성가신 존재가 중국이다. 중국 정부는 자국 내 가톨릭교회의 고위 성직자 인사권이 바티칸에 있음을 인정하지 않는다. 그렇기 때문에 바티칸과 중국 사이에는 아직도 외교 관계가 부재한 상태다. 새 교황인 프란치스코도 베네딕토 16세의 보수 노선과 세계 전략을 계승할 것이다. 프란치스코가 이끄는 바티칸은 중국과도 대화를 통해 소프트한 반격 전략을 도모할 것이 분명하다. 중국은 앞으로 바티칸이 공세를 취할 것을 우려하고 있다.

전근대적인 사고와 마주하기

기독교와 이슬람교의 현재를 상징하는 두 가지 현상을 살펴보았다. 이 둘의 공통점은 전근대적인 사고에 있다. 이슬람원리주의는 전근대적인 이상을 추구함으로써 근대가 초래한 사회문제를 해결하고자 했다. 이는 자본주의가 불러온 제국주의 문제라 해도 좋을 것이다. 여기서 주의할 것은 전근대를 떠받들고 있다고는 하나, 이슬람원리주의가 근대의 문제에 대응하기 위해 탄생한 지극히 근대적인 현상이라는 점이다. 한편 가톨릭교회 역시 근대적인 사고의 제약을 뛰어넘어 인간과 사회의 위기를 통찰하려고 한다.

전근대적인 사고의 특징은 '보이는 세계'를 통해 '보이지 않는 세계'를 보는 것이다. 우리를 포함한 근대인이 보이는 세계를 중시하는 까닭은 이 시대가 존재하는 방식 자체가 근대적인 사고의 제약을 받고 있기 때문이다. 자본주의경제가 대표적이다. 인간의 노동력도 상품화되고, 인간과 인간의 관계에서 만들어진 상품도 전부 돈으로 환산되며, 그렇게 환산된 돈을 증식하는 일을 목적으로 삼는 것이 자본주의경제다. 그 같은 자본주의경제에 젖어들면 눈에 보이지 않는 세계를 향한 상상력이나 사고력이 고갈되고 만다. 요컨대 초월적인 것을 사고할 수 없게 되는 것이다. 이러한 초월성의 결여를 메우는 것이 내셔널리즘이다. 인간과 초월성을 적당히 결합하는 것, 다시 말해 초월성으로 가는 지름길이 종교적 원리주의다. 때로는 초월성이 살인을 쉽게 저지르게 만든다. 그 같은 어리석음을 피하기 위해 우리는 역사를 거슬러 올라가 전근대적인 사고와 제대로 마주할 필요가 있다.

2

기독교 역사의 핵심

예수의 등장

기독교의 탄생은 로마의 역사와 중첩된다. 로마의 역사는 대략 1,000년 동안 지속되었다. 세계사 교과서에서는 로마공화정이 시작되는 기원전 509년경부터 서로마제국이 멸망하는 476년까지를 고대로마사라고 한다. 그 이후로는 중세에 접어든다. 기독교가 성립하기 시작한 때는 로마사의 반환점에 해당하며 제정 시대와 궤를 같이한다.

교과서는 대략 다음과 같이 예수의 등장을 설명한다. 먼저 헤브라이인을 알아야 하는데, 그들은 유일신 야훼Yahweh에 대한 신앙을 굳게 지키고 있었으며, 그들에게서 선민 사상과 구세주 출현을 바라 마지않는 유대교가 확립되었다. 헤브라이왕국은 기원전 1000년경에 세워졌다. 이 왕국은 다윗 왕과 솔로몬 왕 치하에서 번영을 구가한 후, 이스라엘왕국과 유다왕국으로 분열되었다. 이스라엘왕국은 기원전 722년 아시리아에 의해 멸망했다. 유다왕국 또한 신바빌로니아제국의 공격으로 기원전 586년에 멸망했고, 유다왕국의 주민들은 바빌론으로 끌려갔다. 바빌론은 현재의 이라크 중앙에 해당하는 곳에 자리하고 있었다. 이것이 '바빌론유수'라고 불리는 유명한 사건이다.

바빌론으로 끌려간 헤브라이인들은 서아시아를 통일한 아케메네스왕조의 페르시아에 의해 해방되었고, 팔레스타인으로 되돌아왔다. 그리고 야훼 신전을 재건했다. 이는 대체로 로마공화정이 시작되는 무렵과 맞물리는 동시에, 유대교가 확립되었다고 보는 시기이기도 하다. 그러나 얼마 못 가서 유대교는 율법을 엄격히 지키는 바리새인이 권력을 장악했다. 그들은 로마의 지배하에서 무거운 세금을 부과해 유대 민족을 고통에 빠뜨렸다. 사정이 그러했던 까닭에 민중 사이에 구세주를 바라는 기운이 고조되었다. 그때 등장한 것이 바로 예수였다.

예수 그리스도를 가리켜 '예수'가 이름이고 '그리스도'가 성이라고 잘못 알고 있는 사람들이 종종 있다. 예수란 일본의 다로太郞

나 지로一郎처럼 당시 팔레스타인에서는 무척 흔했던 남자 이름이다. 한편 그리스도에는 '기름 부음을 받은 자'라는 의미가 있다. 유대교에서는 왕이 대관할 때 기름을 붓는 관습이 있다. 왕이 곧 구세주라는 것이 유대교에서의 전통적인 사고방식이다. 요컨대 예수 그리스도란 '1세기에 존재했던 예수라는 남자를, 그리스도라는 구세주라고 믿는다'라는 신앙고백인 것이다.

기독교 신학의 특징

19세기에 기독교 내부에서 '역사적 예수 연구'라는 것이 있었다. 당시는 계몽주의가 융성하던 시기로, 그 영향을 받아 예수라는 인간이 어디서 태어나 어디서 어떻게 행동하고 어디서 죽었는가에 대한 데이터를 철저히 연구하는 것이다. 실증 연구 결과, 1세기에 예수라는 남자가 존재했다는 사실은 증명할 수 없다는 결론에 이르렀다. 마찬가지로 예수가 존재하지 않았다는 사실도 증명할 수 없었다. 이에 따라 예수의 역사를 구축하고자 하는 흐름은 완전히 막다른 곳에 다다랐고, 두 가지 흐름이 새로 생겨났다. 하나는 예수가 실존하지 않았다는 것을 전제로, 인간이 어떻게 신이라는 개념을 창조해왔는가를 사고하는 방향이다. 이러한 접근방식을 택한 것이 종교학으로, 기본적으로 무신론의 입장을 취한다. 다른 하나는 예수가 그리스도라 믿었던 사람들이 존재했다는 사실만큼은 실증할 수 있다고 보고, 구원의 내용을 연구하는 방향이다. 이것이 근대 프로테스탄트 신학의 주류파다.

통상적인 학문의 영역에서는 논쟁이 벌어졌을 때 논리가 더 명확한 쪽이 승리한다. 반면 신학에서는 논리가 약하며 조리가 맞지 않는 쪽이 정치 개입으로 이기는 일이 많다. 그로 인해 논쟁이 완전히 잘못된 방향으로 흘러 결론이 나지 않은 채 끝나기도 한다. 그리고 100년, 200년이 경과하면 또다시 같은 논의를 되풀이하는 것이다. 이렇게 문제가 해결되지 않은 상태로 진보 없는 특수한 양식의 연구가 이루어진다. 아울러 유럽의 대학에서는 신학부가 없으면 종합대학university이라는 명칭을 내걸 수 없다. 신학은 허虛의 영역을 다루는 허학虛學이며 학문은 허의 영역, 즉 '보이지 않는 세계'를 다루지 않고서는 성립하지 않는다. 유럽인들은 이와 같은 지혜를 가지고 있었던 것이다.

사울의 회심

기독교의 교조教祖 예수는 자신을 유대교도라고 인식했다. 그러나 그는 엄격한 율법주의를 내세우며 율법을 지키는 인간만이 신에게 구원받는다는 유대교의 가르침에 이의를 제기했다. 예수는 죄인도 신에게 구원받는다고 말했다. 유대교 입장에서 보자면 예수는 명백히 이단이다. 그는 모반죄로 유대교의 대제사장들에게 체포되었고, 로마 총독에 의해 십자가형을 받았다. 처형 후, 예수가 부활했다는 믿음이 널리 퍼졌으며 기독교가 성립하기 시작했다.

초기 기독교가 전파될 당시 결정적인 역할을 담당한 자가 바울Paul이었다. 바울은 개명하기 전 사울Saul이라는 이름을 썼다. 사울은 로마 시민권이 있었으며 종교적으로는 유대교의 바리새파에 속했다. 원래 사울은 "여전히 살기를 띠고 주의 제자들을 위협하며"[37] 기독교도를 박해하는 입장에 서 있었다. 그랬던 까닭에 예수의 가르침 또한 신에 대한 모독이라고 여겼다. 그런데 이 사울에게 회심回心이 일어났다. 기독교도를 포박해 예루살렘으로 연행하기 위해 다마스코(현재의 시리아 다마스쿠스)로 향하던 도중의 일이다.

사울이 길을 떠나 다마스코 가까이에 이르렀을 때에 갑자기 하늘에서 빛이 번쩍이며 그의 둘레를 환히 비추었다. 그가 땅에 엎드리자 "사울아, 사울아, 네가 왜 나를 박해하느냐?" 하는 음성이 들려

---

[37] 〈사도행전〉, 9:1.

왔다. 사울이 "당신은 누구십니까?" 하고 물으니 "나는 네가 박해하는 예수다. 일어나서 시내로 들어가거라. 그러면 네가 해야 할 일을 일러줄 사람이 있을 것이다" 하는 대답이 들려왔다.[38]

이처럼 사울은 빛 속에서 부활한 예수와 처음 만났다. 그러나 예수의 직제자라고는 할 수 없다. 살아 있는 예수와는 만난 적이 없기 때문이다. 직제자가 아닌 사울이 예수의 가르침의 존재 방식을 근본적으로 바꾸어놓았던 것이다.

사울은 유대인 공동체 내부에서 예수의 가르침을 널리 알리는 일에 한계를 느낀 뒤 공동체 외부로 기독교를 확대할 결심을 한다. 그는 이름을 바울로 고치고는 소아시아(현재의 터키 아나톨리아 일대)·그리스·로마로 전도 여정을 이어가며 각지에 교회를 세웠다. 기독교도를 박해했던 바울이 기독교로 전향하고 전도자가 된 의의는 기독교를 세계종교로 변모시켰다는 점에 있다. 바울이 전도 여행을 돌았던 지역이야말로 당시 '세계'라 인식되고 있었기 때문이다.

예수가 세상을 떠나고 2, 3개월이 지난 후까지만 해도 신자 수는 많아야 수백 명 정도였다. 〈사도행전〉에는 그 후 바울의 설교로

---

[38] 같은 글, 9:3~6.

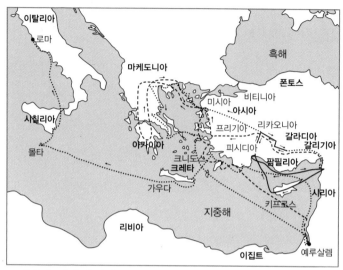

■ **바울의 전도 여정** | 일본성서협회의 《성서 신공동역新共同譯》에 기초해 작성한 지도로, 모양이 다른 점선들은 각각의 루트를 나타낸다

3,000명이 세례를 받았다고 적혀 있다.[39] 로마제정하에서 기독교는 계속해서 확대되었고, 313년 밀라노칙령에 의해 공인되었을 무렵에는 신자가 300만 명 안팎까지 늘어났다. 이처럼 교세가 폭발적으로 확장된 데는 바울이 기독교를 세계종교로 전환시킨 것이 계기로 작용했다. 현재 전 세계의 기독교 신자는 대략 20억 명으로 추정된다. 기독교라는 종교를 창출한 사람이 바로 바울이다. 예수가 기독교의 교조라면, 개조開祖는 바울인 셈이다.

---

[39] 같은 글, 2:42.

실념론이라는 사고

테오도시우스 1세Theodosius I 시절인 392년, 기독교는 로마제국의
국교가 되었다. 중세에 접어들면서는 유럽 사회의 지배적인 가치
관으로 자리 잡아갔다.

중세 초기의 기독교에 존재했던 특징적인 사고법으로 실념론
實念論이 있다. 도형을 예로 들어보자. 삼각형에는 정삼각형이나
이등변삼각형 등 여러 가지가 있으나, 그 모든 요소를 포함하는
일반적인 삼각형은 오직 머릿속에나 존재한다. 그렇다면 이 일반
적인 삼각형은 실재한다고 할 수 있을까? 실념론에서는 실재한
다고 여긴다. 즉 눈에는 보이지 않아도 확실히 존재하는 것이 있
다는 생각이 실념론이다.

이와 달리 존재하는 것은 개개의 구체적인 사물일 뿐, 삼각형
또는 과일 같은 일반명사는 한낱 이름에 지나지 않는다고 생각
하는 사상을 유명론唯名論이라고 한다. 근대 과학은 경험을 중시
했으므로 기본적으로는 유명론의 연장선상에 있었다. 유럽의 대
학에서 학문의 기본이라 간주되는 자유 7과Seven liberal arts(문법·
수사학·논리학·산술·기하학·음악·천문학)가 유명론의 사고에 기초
하는 것과 달리, 실념론은 신학의 사고와 어울린다고 할 수 있다.
그리고 신학부가 없으면 유럽에서는 종합대학이 아니라는 사실

은 앞서 말한 바 있다.

실념론의 영향은 현재에도 남아 있다. 특히 영국은 정치 엘리트들이 실념론을 공유한다. 이는 영국에 성문헌법이 없다는 점에도 드러난다. 영국에서는 줄곧 실념론이 주류를 차지했으며, 성문법이라는 발상이 출현하지 않았다. 문자로 이루어진 헌법은 없으나 영국인들은 헌법이 확실히 존재한다는 감각을 가지고 있다. 그 감각이 저마다의 시대 상황에 맞게 구체적인 문서 형태로 표현되는 것이다. 그렇게 표현된 것이 1215년의 마그나카르타 Magna Carta(왕권의 제한과 귀족의 특권을 확인한 문서)이고, 1689년의 권리장전Bill of Rights(국회와 의회의 권리를 명시한 문서)이라고 해석할 수 있다. 혹은 커다란 문제가 발생할 때마다 판결을 통해 표현된다.

영국인에게 헌법은 국가의 폭주에 제약을 걸기 위한 약속 사항이 아니라 이념으로서 갖추어진 것, 생득적인 감각에 가깝다. 앞서 영국의 특징으로 근대적인 민족 개념을 초월해 사람들이 통합되어왔음을 언급했는데, 여기에 한 가지 더 추가하자면 실념론이 국가의 중심에 자리하고 있다는 점도 특징이다. 영국은 국가와 사회 모두 전근대적인 것이다.

종교개혁의 본질은 복고유신운동

근세에 접어들면서 종교개혁이 일어났다. 종교개혁은 앞 장에서
도 살펴보았지만 다시 한 번 짚고 넘어가자. 종교개혁을 통해 생
겨난 프로테스탄티즘이라 하면 근대적인 종파라는 착각을 자주
한다. 가톨릭을 구교로, 프로테스탄트를 신교로 번역하는 것도
오해를 확대시킨다. 종교개혁은 르네상스 이후에 일어났다. 르네
상스는 그리스 로마의 고전으로 돌아가자는 운동으로, 이를 통
해 처음으로 중세라는 사고가 탄생했다. 돌아가야 할 고전의 시
대와 현재 사이에 끼어 있는 것은 제대로 된 시대가 아니므로 이
를 중세라고 칭한 것이다. 그러므로 중세라는 말에는 애당초 변
변찮은 시대라는 어감이 있다.

르네상스는 복고운동이지만 그 중심에는 이성에 대한 신봉이
있었으며, 그러한 의미에서 보았을 때 르네상스는 계몽주의로 이
어지는 측면이 있다. 그리고 르네상스에 의해 합리주의적인 요소
가 가톨릭으로 들어왔던 것이다. 그런데 16세기의 종교개혁에는
계몽주의로 이어지는 요소가 없었다. 도리어 반지성주의적인 운
동으로 보는 편이 옳다.

스콜라철학이라 부르는 중세의 철학은 대단히 치밀한 체계로
이루어져 있었다. 그러나 지나치게 치밀했던 까닭에 철학을 통해

구원받는다는 느낌이 들지 않았다. 교회도 부패하고 말았다. 세속의 권력과 유착해서는 폭력 장치가 되어 돈벌이에 치중했다. 그렇기 때문에 종교개혁을 통해 예수가 주창한 소박한 원시 교회로 돌아가자는 것이 16세기의 종교운동이다. 그러한 의미에서 종교개혁은 복고유신운동인 것이다.

종교개혁과 우크라이나 위기는 이어져 있다

이 복고주의적인 프로테스탄트 종교개혁은 독일에서 네덜란드로, 그리고 더 동쪽으로 퍼졌다. 폴란드와 체코슬로바키아에도 파장이 번졌는데, 특히 체코 지역은 칼뱅파 영향이 거셌다. 이 흐름에 위기감을 강하게 느낀 가톨릭, 즉 교황청은 트리엔트공의회를 열어 가톨릭 재건을 도모했다. 이 회의는 1545년부터 1563년까지 3기期로 나누어 개최되었다. 핵심적인 역할을 담당한 사람이 이그나티우스 로욜라Ignatius Loyola와 프란시스코 사비에르Francisco Xavier였다. 그들은 1534년에 예수회라는 교파를 세웠다.

예수회는 독립된 수도회가 아니라 교황청 직속이었다. 군인이었던 이그나티우스 로욜라는 상관의 말에 절대적으로 복종하는 상의하달식의 관료적인 위계질서를 구축했고, 군대에 준하는 방식으로 군사훈련을 실시했다. 실질적으로 예수회는 군대였던 셈이다. 예수회는 이 군사력을 바탕으로 프로테스탄트 타도를 목표로 '프로테스탄트 정벌 십자군'을 준비했다. 그들의 군사력은 막강했던 터라, 보헤미아와 슬로바키아를 석권해 프로테스탄트를 모조리 몰아낸 후 러시아정교회가 있는 우크라이나까지 진입했다. 자칫하다가는 러시아정교회와 가톨릭 사이에서 대대적인 전쟁이 발발할지도 모를 위기 상황에 봉착했다. 그도 그럴 것이, 러시아정교회와 가톨릭은 1054년에 이미 서로를 파문한 상태였고 상대방을 악마의 앞잡이라며 매도해대고 있었기 때문이다. 예수회도 얼마간의 압력을 가했다.

그러나 아무리 압력을 행사해도 러시아정교회 쪽은 그들이 지켜왔던 전통과 의식을 고치거나 바꾸려고 하지 않았다. 이콘을 걸고서 예배를 드리고, 향을 피우며 의식을 거행하는 등 러시아정교회의 관습을 남기고자 필사적으로 저항했던 것이다.

러시아정교회의 성직자들은 '흑승'과 '백승'으로 나뉜다. 백승은 결혼이 가능하며 결혼한 후 각 지역에서 근무한다. 한편 흑승은 수도원이나 교회에서 근무하며 결혼할 수 없다.[40] 참고로 가

---

[40] "러시아정교회의 사제는 흑승(검은 옷 사제)과 백승(하얀 옷 사제)로 나뉜다. 정교회에서 흑승은 수도사를 포함하는 미혼 성직자로 교회 내의 고위 성직을 차지한다. 반

톨릭교회의 경우 성직자 전원이 결혼할 수 없다. 반면 프로테스탄트교회는 모두 결혼할 수 있다.

다시 본론으로 돌아와서, 러시아정교회가 그들의 관습을 지키고자 계속해서 저항했기 때문에 교황청은 타협안으로 특별종파를 창설했다. 새로운 종파에서는 결혼이든 의식이든 종전대로 이어가도 상관없었다. 다만 교황이 가장 위대하다는 교황의 수위권首位權을 인정할 것, 그리고 성령이 성부와 성자Filioque에게서 나온다는 신학상의 논의를 인정할 것, 이 두 가지만을 요구했다. 요약하면, 외견상으로는 정교회라 할지라도 그 알맹이는 가톨릭교회였다. 교황청은 이 특수한 교회를 바탕으로 러시아 전역에서 영향력을 강화하고자 했던 것이다. 이렇게 탄생한 것이 동방전례가톨릭교회·동방귀일교회·우니아트교회 등이라 불리는 교회다.

제2장에서 우크라이나 위기에 관한 대목을 설명할 때도 살펴보았지만, 이 우니아트교회는 현재까지 서우크라이나 갈리시아 지방에서 주류를 점하고 있다. 반면 우크라이나 동부는 러시아

면에 백승은 결혼한 하급 성직자를 의미하며 대개 교구사제나 보제로 활동한다. 고위 주교직은 흑승들이 차지했으며, 백승으로서 차지할 수 있는 최고위직은 주사제였다." 아바쿰 페트로프 외 지음, 조주관 옮김, 《17세기 러시아 문학》, 지식을만드는지식, 2015.

정교회를 믿는다. 우크라이나 위기의 배경에는 이러한 종교적 차이도 있다. 요컨대 후스의 종교개혁과 루터의 종교개혁은 머나먼 현대의 우크라이나 위기에까지 이어져 있는 것이다. 현재 러시아는 우니아트교회에 강하게 반발하고 있다. 러시아와 바티칸의 관계가 여전히 긴장 상태에 놓여 있는 것은 이 우니아트교회를 통해 가톨릭이 러시아 내부를 침식할 가능성을 러시아정교회가 크게 경계하고 있기 때문이다.

프로테스탄트 신학의 변용

종교개혁이 초래한 가톨릭과 프로테스탄트 사이의 다툼은 30년 전쟁을 거쳐 1648년의 베스트팔렌조약으로 일단락되었다. 베스트팔렌조약이 체결된 17세기는 과학혁명의 시대였다. 천동설에서 지동설로의 전환, 갈릴레오나 뉴턴 등이 확립한 기초역학 등 근대 과학이 성립되어 그 후의 세계에 영향을 미쳤으며, 과학혁명을 통해 중세의 교회적 세계관은 파괴당했다. 나아가 합리주의적인 정신은 18세기에 계몽사상으로 발전해 교회나 절대주의 국가를 지탱하는 권위와 사상·제도·관습에 대한 강렬한 비판을 펼쳤다.

계몽사상이 석권한 18세기를 전후로 프로테스탄트 신학도 커다란 변용을 맞이한다. 18세기 이전의 프로테스탄티즘(신학 용어로는 '구프로테스탄티즘'이라 부른다)에서는, 신은 천상에 존재한다고 믿어왔다. 그러나 그와 같은 믿음은 케플러Johannes Kepler 이후의 천체관 혹은 우주관과 모순된다. 간단히 말하자면 비행기를 타고 구름 위로 올라간다 한들 하느님과 만날 수는 없는 것이다. 그러므로 과학과 모순되지 않는 곳에 신을 두어야 했다. 그 전환을 신학적으로 이룬 사람이 18, 19세기의 신학자인 슐라이어마허Friedrich Ernst Daniel Schleiermacher다.

슐라이어마허는 칸트Immanuel Kant나 헤겔Georg Wilhelm Friedrich Hegel에 견줄 만큼 중요한 인물로 '근대 프로테스탄트 신학의 아버지'라고도 불린다. 그는 종교의 본질이 직관과 감정이라고 주장했다. 즉 하느님은 마음속에 있다고 여겼던 것이다. 그러나 신이 마음속에 존재한다는 생각은 위험한 요소를 포함하고 있다. 왜냐하면 신이 마음속에 존재한다면, 인간 내면의 주관적인 심리 작용과 신을 구별할 수 없게 되기 때문이다. 신은 절대적인 존재다. 자기 자신의 마음속에 있는 절대적인 존재를 인정함으로써, 인간의 자기 절대화라는 위험성이 생겨나는 것이다. 이 연장선상에서 신도 어차피 인간 스스로의 마음의 작용에 지나지 않는다는 무신론이 출현한다.

'불가능의 가능성'으로서의 신학

신이 마음속에 있다고 생각하면 막다른 길에 이르게 된다. 그렇게 되면 다시 한 번 위를 바라보아야만 한다. 신학적으로 슐라이어마허가 주창한 "신은 마음속에 있다"라는 설을 깨뜨린 사람이 현대 신학의 아버지인 칼 바르트Karl Barth다. 바르트는 신이 물리적인 의미에서의 천상에는 존재하지 않음을 이해하면서 "위에 있는 신"이라고 말했다. 인간은 신이 아니므로 신에 대해 아무것도 알 수 없다. 그러나 설교를 하는 목사는 신을 이야기해야 한다. 그러한 까닭에 신학이란 '불가능의 가능성'에 도전하는 일이라고 주장한 것이다. 칼 바르트는 제1차 세계대전에 충격을 받아 1919년에 《로마서 강해Der Romerbrief》를 출간했다. 이 책을 통해 신의 장소가 다시금 전환되었다고 보아도 좋을 것이다. 왜냐하면 1914년에 신 없이 인간 사회를 해석하는 계몽주의가 붕괴했기 때문이다.

서문에서 서술했듯이 영국의 역사가인 에릭 홉스봄은 프랑스 혁명이 시작되는 1789년부터 제1차 세계대전이 발발한 1914년 사이의 시대를 장기 19세기라고 불렀다. 장기 19세기란, 요약하자면 계몽의 시대다. 유럽 일부에서 낭만주의적인 반동이 있었다고 하더라도 기본적으로는 과학기술과 인간의 이성에 의지함으로써 이상적인 사회를 건설할 수 있다고 여겼다. 다시 말해 신이 없어도 이성을 올바르게 구사해 합리적으로 사고한다면 세계는 진보한다고 생각했던 것이다.

나아가 장기 19세기는 내셔널리즘의 시대이기도 하다. 내셔널리즘의 대두를 배경으로 마음속 절대자의 위치에 민족이 슬그머니 깃들었다. 이로써 국가와 민족이라는 대의 앞에 인간이 목숨을 바쳐 헌신하는 구조가 완성되었다. 두말할 것 없이 그 연장선상에 제1차 세계대전이 있다. 두 차례의 세계대전으로 인한 대량의 살인과 파괴는 이성과 무신론으로 이루어진 계몽의 시대를 산산조각으로 박살냈다. 무신론의 시대, 즉 계몽의 시대는 1914년에 끝을 고했고, 그와 동시에 '불가능의 가능성으로서의 신'을 이야기하게 된 것이 제1차 세계대전이 끝난 1918년부터였다.

계몽에서 눈을 돌린 미국

근대인은 두 차례에 걸친 세계대전을 반성하며 칼 바르트처럼 계몽의 어둠과 마주해야만 했다. 그런데 제2차 세계대전에서 미국이 거대한 물량을 앞세워 승리를 거머쥐고 말았다. 미국은 유럽과 달리 제2차 세계대전을 겪었어도 여전히 계몽정신이 왕성했으므로 비합리적인 정념(전근대적인 '보이지 않는 세계')이 인간을 움직인다는 감각을 충분히 이해하고 있지 않았다. 그렇기 때문에 계몽사상이나 합리적인 사고가 가져오는 부정적인 영향에 대한 통찰이 작동하지 않았으며, 문제를 나중으로 미루어두기만 했다. 그 영향은 21세기인 현재까지 이어지고 있다. 제1차 세계대전이 끝난 후 유럽 지식인들이 격투를 벌였던 계몽의 어둠이라는 문제를 외면하고 만 것이다. 그때 해결되지 못한 문제들이 청구서가 되어 날아온 현재, 격차와 빈곤, 배외주의, 영토 문제, 민족 분쟁이 부상하기 시작했다.

제2장에서 내셔널리즘은 근대인의 종교라고 말한 바 있다. 그곳에서는 '불가능의 가능성으로서의 신'을 직시하는 일 없이, 보이지 않는 초월적인 존재의 결여를 단락적으로 메우는 대상물代償物로서 내셔널리즘이 요청되고 있다.

3

이슬람사를 통해 독해하는 중동 정세

이슬람의 탄생

다음으로 이슬람의 역사를 살펴보자. 이슬람교의 개조인 무함마드Muhammad는 570년경에 태어난 것으로 추정된다. 아라비아 반도 서부에 있는 메카가 그의 탄생지였다. 당시 동로마의 비잔틴 제국과 사산조페르시아가 전쟁을 거듭하고 있었기 때문에 메소포타미아 부근의 동서 교통로는 왕래하기가 곤란한 상태였다. 그 영향 덕분에 홍해와 가까운 메카는 상품 경유지로서 번영했다. 무함마드도 이 지역 상인의 일족이었다.

무함마드가 마흔 무렵 때의 일이다. 그는 산속 동굴에서 자주

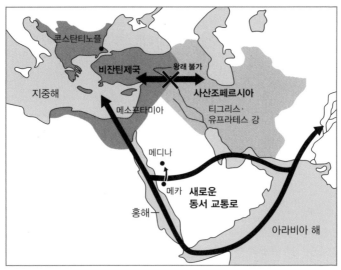

■ 6세기의 아라비아 반도

명상에 잠기곤 했는데, 어느 날 갑자기 반짝이는 빛과 함께 천사
가브리엘Gabriel이 나타나 무함마드의 목을 조르며 "읽으라"고 말
했다. 알라Allah가 내린 최초의 계시였다. 이 계시를 아내인 하디
자Khadijah에게 전하자, 그녀도 그것을 신의 말이라 믿었다. 이슬
람교의 첫 번째 신자는 무함마드보다 열다섯 살이나 더 많은 아
내 하디자였다. 그 후 친척과 친구 들도 잇달아 신자가 되었다.
무함마드는 유일신 알라에 대한 신앙, 우상 숭배 금지, 신 앞에
서 만인이 평등하다고 외치며 대大상인에 의한 부의 독점을 비판
했다. 당시 메카는 격차가 만연한 사회였다. 메카의 지배층인 대

상인들은 장사에 방해가 되는 무함마드 무리를 박해했고, 무함마드와 신도들은 북쪽인 메디나로 이주했다. 이를 '헤지라'라 부르며, 메디나로 이주한 622년은 이슬람력 원년이 되었다.

무함마드 일행은 메카와 충돌을 되풀이한 끝에 630년 메카를 무혈 점령했고 다신교 신전을 이슬람교 성전으로 바꾸었다. 그 후 무함마드는 주위의 여러 아랍 민족을 차례로 지배하기 시작했으며, 632년에는 아라비아 반도를 거의 제압했다. 이렇게 이슬람 세계가 세계사 안에서 펼쳐지게 되었다.

이슬람교의 특징

이슬람교는 일신교인 유대교·기독교의 영향을 강하게 받았다. 알라란 유일신 자체를 가리키는 말이며 영어의 'God'과 같다. 우상 숭배를 금하고 신 앞의 평등을 설파한다는 점에서는 기독교와 같으나, 이슬람교는 이러한 주장을 더욱 발전시켜 교도 내부의 신분·계급·민족의 차이를 인정하지 않는다. 그러므로 전문 신관 계급은 별도로 존재하지 않는다. 또한 이슬람교에서 무함마드는 최초이자 최후의 예언자이며 무함마드 이외의 예언자는 없다. 무함마드가 신의 계시를 받아 아라비아어로 신자들에게 이야기한 말들을 집대성한 것이 성전인 《코란Koran》이다. 코란은 '읽어야 하는 것'이라는 의미이므로 이슬람교 신자는 모두《코란》을 소리 내어 읽는다.《코란》을 외움으로써 신에게 직접 가닿을 수 있다고 여긴다.

《코란》이《성서》와 다른 점은, 교의 외에 일상생활의 모든 것을 규정하는 법전으로서의 성격을 가진다는 것이다. 이를테면《코란》에는 이슬람의 '5행行'이라 불리는 규범이 적혀 있다. 신앙고백(알라 외에 신은 없다고 외울 것), 예배(메카를 향해 하루 다섯 차례 기도할 것), 희사(수입의 일부를 가난한 사람들에게 나누어줄 것), 단식(라마단 기간 동안 일출부터 일몰까지는 음식을 금할 것), 순례(일생에 한 번은 메카를 순례할 것)가 5행이다. 이 외에도 술을 마시지 않을 것, 돼지고기를 먹지 않을 것, 이자를 취하지 않을 것 등 일상생활에서 지켜야 할 약속들이 세세하게 규정되어 있다.

이들 규범의 기저에 공통으로 포함되어 있는 것은 알라에 대한 절대적인 복종이다. '이슬람'이란 '절대 귀의'라는 의미로, 이슬람교에서는 갖가지 행위가 알라에 대한 절대적인 복종으로 정해져 있는 것이다. 알라에 대한 절대적인 복종이라는 그들의 신앙은 일상적인 대화에도 나타난다. 이를테면 무슬림은 약속 시간에 늦었을 때 "미안하다"라고 말하지 않는다. 대신 "알라를 원망하지 말라"고 말한다. '내가 늦은 것은 알라께서 그렇게 하신 것이니 불평하면 안 된다'는 발상인 것이다.

수니파와 시아파의 차이점

이슬람을 이해하려면 반드시 알아두어야 할 것이 수니파와 시아파의 차이다. 두 종파는 이슬람 세계가 확대되는 가운데 생겨났다. 무함마드가 사망한 후 이슬람교도는 선거를 통해 최고 통치자로서 칼리프를 선출한다. 칼리프란 '신의 사도의 대리인'이라는 의미다. 4대 칼리프에 선출된 알리Ali는 무함마드의 사촌동생이자 사위였다. 네 명의 칼리프 중에서 혈통상 무함마드와 가장 가깝다. 이를 근거로 알리와 그의 자손이 진짜 후계자라고 주장하는 당파가 나타났는데, 바로 시아파다. 시아파는 분리파 또는 이단파라고도 한다. 처음에는 '알리의 시아'라 불렸으나 알리가 빠지고 시아로만 불리게 되었다. 이러한 시아파와 달리, 수니파는 역대 칼리프를 정통이라 간주하는 이슬람의 다수파다. 무함마드의 관행을 뜻하는 '수나'에 따르는 자를 의미한다.

시아파에서는 최고 지도자를 이맘이라 부른다. 알리가 초대 이맘이며, 알리의 자손이 그 뒤를 이은 이맘이 된다. 이 시아파 내부에도 종파가 여럿 있는데, 시아파의 주류는 이란에서 권력을 장악하고 있는 12이맘파다. 열한 번째 이맘이 9세기에 죽었을 때, 열두 번째 이맘이 등장했으나 금세 모습을 감추고 말았다. 이렇게 사라진 이맘이 구세주로 나타나 이 세상을 구하리라는 교의를 핵심으로 하는 종파가 12이맘파다.

　12이맘파의 교의는 현재의 국제정세와도 밀접한 관계가 있다. 바로 이란의 핵무기 문제다. 이란이 핵무기를 보유한다고 해도, 이스라엘은 이미 이란에 비해 압도적으로 많은 핵무기를 보유하고 있다. 합리적으로 생각한다면, 이란은 핵을 사용하지 않으리라고 여기고 싶어질 것이다. 그런데 이스라엘이 핵을 써서 공격해도 사라진 이맘이 나타나 이란을 지켜줄 것이 분명하다고 이란의 지배층이 믿고 있다면, 핵무기 개발과 관련해 이란이 폭주할 가능성도 있다.

와하브파와 칼뱅파

한편 이슬람 과격파는 대부분 수니파인 한발리Hanbali파에 속해 있다. 수니파는 크게 4대 학파로 나뉘는데, 한발리파 외의 세 학파는 정치적으로 큰 문제는 없다. 이슬람원리주의나 테러의 대부분은 한발리파에서 비롯된다. 이 한발리파 가운데 하나로 와하브Wahhab파가 있다. 와하브파는 18세기 중반에 종교개혁가인 와하브가 창시했다. 와하브는 사우디아라비아 국왕과 협력해 와하브왕국을 세웠고, 와하브왕국은 훗날 사우디아라비아왕국의 바탕이 되었다. 그러한 까닭에 현재 사우디아라비아의 국교는 와하브파다.

　중동 정세와 이슬람 과격파의 움직임을 살펴보고자 한다면 와하브파와 사우디아라비아의 결합을 반드시 이해해두어야 한다. 와하브파는 《코란》과 무함마드의 언행록인 《하디스》만 인정한다. 성인 숭배나 참배도 하지 않는다. 무함마드 시대의 원시 이슬람교로 회귀할 것을 주창하며 극단적인 금욕주의를 내세운다. 알카에다가 이 와하브파의 무장단체이며, IS 또한 마찬가지다. 북아프리카의 이슬람 마그레브 알카에다, 체첸의 테러단체, 아프가니스탄의 탈리반 등 이슬람 과격파는 모두 와하브파 계통이다.

　기독교와의 아날로지로 생각해보면, 와하브파와 가까운 것이 프로테스탄트인 칼뱅파다. 와하브파와 프로테스탄티즘은 복고유신운동이라는 공통분모를 가진다. 게다가 칼뱅파와 형태가 다르기는 하지만 와하브파도 세속에서 금욕적인 태도를 취한다. 다만 양자 사이에는 결정적인 차이가 있다. 기독교에는 예수 그리스도라는 매개가 있다는 점이다. 기독교에서 예수 그리스도라는 매개를 필요로 하는 이유는, 인간에게 원죄가 있기 때문이다. 이와 달리 이슬람교에는 원죄라는 관념이 없다. 이슬람교의 이러한 낙관적인 인간론이 가장 큰 문제다. 신이 명한다면 성전이라는 이름하에 온갖 것들을 파괴해도 상관없다고 여긴다.

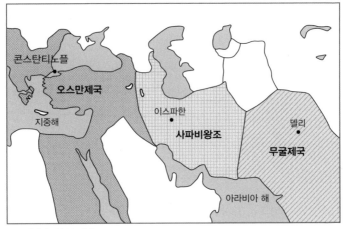

■ 16세기의 이슬람 세계

    기독교의 경우 인간에게는 원죄가 있으므로 지상은 악의 세계
다. 다시 말해 천상계의 자연 상태와 지상계의 자연 상태는 상반
된다. 기독교의 세계관에서 지상은 죄 있는 자로 가득 차 있으므
로, 인간 세계에 차별·억압·질병·고통·빈곤이 존재하는 것은 자
연스러운 상태라 여긴다. 반면 이슬람교의 경우 '진Jinn'이라는 영
적인 존재가 악한 행위를 저지른다고 여긴다. 내부에 존재하는
악에 대한 반성이 없으므로, 이슬람교를 믿기만 한다면 어떠한
폭력이라도 긍정되는 것이다.

이란의 두 얼굴

16세기, 이슬람의 역사에 중요한 전기가 찾아온다. 1501년 이란에 사파비왕조가 들어선 것이다. 이 사파비왕조는 시아파인 12이맘파를 국교로 지정했다. 그 전에는 모로코에서 신장위구르까지가 하나의 이슬람 벨트로 이어져 있었다. 그런데 시아파가 이란을 장악하면서 이 벨트가 끊기고 말았다. 사파비왕조 서쪽에는 오스만제국, 동쪽에는 무굴제국이 자리하고 있었는데, 둘 다 수니파였다. 요컨대 사파비왕조는 수니파의 대국 사이에 샌드위치처럼 낀 형태였다. 16세기에 이슬람 세계는 크게 양분되었던 것이다.

그렇다면 왜 사파비왕조는 시아파를 국교로 삼았던 것인가? 페르시아 정체성을 확립하기 위해서였다. 이란인에게는 먼 옛날 페르시아제국이 누렸던 빛나는 기억이 새겨 있었다. 사파비왕조는 민족주의적인 정체성과 시아파가 결합한 모양새가 되었던 것이다.

전후 이란에서는 친미 성향의 팔레비Pahlevi 국왕이 강권적으로 근대화 정책을 취하며 세속화를 진행했다. 이를 '백색혁명'이라고 부른다. 백색혁명으로 경제는 성장했으나 격차 확대와 지배층 부패 등 국민의 불만도 커져갔다. 그 결과 시아파 지도자 호

메이니Khomeini의 주도로 이란혁명이 일어났다. 전국적인 반체제 운동이 확대되고 국왕은 망명했다. 그 결과, 1979년에 이슬람교를 국가 원리로 하는 이란이슬람공화국이 성립했다.

이란혁명의 성공은 미국의 완전한 방심에서 비롯되었다. 미국과 이스라엘 모두 이란의 붕괴를 예견하지 못했다. 일단 세속화해 고도의 소비문명을 누리는 국가가 원리주의화하는 일은 있을 수 없다며 대수롭지 않게 여긴 것이다. 1979년 이란혁명 때도 사파비왕조가 성립하던 때와 마찬가지로 12이맘파의 교의가 현대에 알맞게 재정립되었고, 거기에다 페르시아 제국주의도 가미되었다.

지금의 이란을 제대로 이해하려면 12이맘파의 이슬람원리주의와 페르시아 제국주의라는 두 가지 측면을 모두 살펴보아야 한다. 특히 일본에는 편견을 이중으로 덧씌운 이란 정보가 만연해 있다. 하나는 페르시아가 아닌 아랍 전문가가 본 이란 정보이고, 다른 하나는 친팔레스타인해방기구·반이스라엘적인 편견이다. 이를테면 일본의 정치가 가운데 압도적 다수는 이란이 페르시아인의 국가라는 사실조차 모른다. 아랍의 여러 국가들 가운데 하나라고 생각한다.

이란이 최근 호르무즈 해협을 봉쇄하겠다는 뜻을 내비치고, 바레인에 이란혁명을 수출하려고 움직이는 것은 페르시아 제국주의의 맥락에서 독해해야 한다. 이란이 수니파 원리주의를 내세운 팔레스타인 무장단체 하마스와 양호한 관계를 구축한 것도, 종교적인 동기보다는 페르시아 제국주의적인 발상에 기초한 것이다. 제아무리 제국주의를 지향한다지만 시아파인 이란과 수니파인 팔레스타인이 양호한 관계를 구축하는 모양새가 이상하게 보일 수도 있다. 하지만 이러한 관점은 시야를 좁게 만든다. 이슬람교 안에서 분절이 이루어질 경우, 시아파와 수니파는 대립한다. 이스라엘 또는 기독교와 대립해야 하는 상황이 벌어지면, 시아파와 수니파는 단결한다. 그러므로 이란은 같은 12이맘파인 레바논의 테러단체 헤즈볼라를 지원하면서 동시에 하마스를 전면 지원한다. 반이스라엘 전략하에서 시아파와 수니파의 차이는 미미할 따름이다.

팔레스타인이 평화로웠던 시절

이스라엘 이야기가 나왔으니 팔레스타인 문제도 간단히 정리해보도록 하자. 팔레스타인은 유대교·기독교·이슬람교 모두에게 성지인 곳이다. 지중해 동쪽 연안에 위치한 팔레스타인은 기원전 1000년경에 유대인이 왕국을 건설한 지역의 명칭이다. 옛날에는 가나안이라고도 불렀다. 바빌론유수에서 해방된 후, 유대인은 팔레스타인에 있는 도시 예루살렘에 신전을 재건했다. 그 후 로마 지배하에 놓인 유대인들은 독립운동을 일으켰으나 거꾸로 철저한 탄압과 박해를 당했고, 유대인은 팔레스타인 밖으로 뿔뿔이 흩어졌다.

기독교 입장에서 팔레스타인이 성지인 이유는, 예수가 십자가에 매달렸던 골고다가 예루살렘에 있었기 때문이다. 현재 예루살렘에 있는 성분묘교회聖墳墓敎會(성묘교회)는 골고다가 있었을 것으로 추정되는 장소다.

이슬람교에서는 왜 예루살렘이 성지인가? 이는 '무함마드의 승천'이라 일컬어지는 전승에서 유래한다. 이슬람 전승에 따르면, 무함마드는 어느 날 밤 천사 가브리엘의 인도를 받으며 예루살렘에 있는 커다란 바위(巨巖)에서 천마天馬에 올라타고 승천해 알라를 알현했다고 한다. 즉 무함마드의 승천 체험의 출발점을 예루살렘이라 여기는 것이다. 2대 칼리프가 예수살렘을 지배하에 두었으며, 아울러 7세기의 우마이야왕조 대에는 무함마드가 승천한 기점인 거암 위에 '바위 돔Dome of the Rock'을 세웠다.

성지 세 곳이 병존하는 예루살렘은 예나 지금이나 분쟁이 끊이지 않았을 것 같지만, 실제로 그렇지는 않았다. 대부분의 시기에 세 종교는 평화적으로 병존했다. 이곳에서 종교 분쟁이 일어나는 것은 1948년 이스라엘 건국 이후의 일이다.

팔레스타인 문제의 발단

팔레스타인 문제의 발단은 제1차 세계대전 시기로 거슬러 올라간다. 팔레스타인은 제1차 세계대전 당시 오스만제국의 영토였다. 그리고 오스만제국은 독일·오스트리아 진영으로 들어가 발칸전쟁으로 빼앗긴 영토 탈환을 노렸다. 전쟁이 시작되자 영국은 중동에서 오스만제국과 교전을 벌였는데, 이때 전쟁을 유리한 방향으로 이끌기 위해 삼중외교를 펼쳤다. 첫 번째로, 전후 아랍인의 독립을 교환 조건으로 내걸고는 아랍인들이 오스만제국에 반란을 일으키게 했다. 오스만제국의 지배에 분노하는 아랍인의 내셔널리즘을 이용했던 것이다. 두 번째로, 프랑스와 러시아 사이에서 오스만제국을 분할하는 비밀 협정을 체결했다. 세 번째로, 팔레스타인으로 귀환하고자 간절히 바라는 유대인에게 밸푸어선언을 통해 '민족적 향토(내셔널 홈)' 건설을 약속했다.

영국의 외교정책들은 서로 모순된다. 그렇다면 오스만제국이 전쟁에서 패배한 후 어떻게 되었을까? 팔레스타인은 밸푸어선언에 기초해 영국의 위임통치령이 될 상황에 처했다. 다시 말해 영국의 위임통치를 받으며 유대인이 팔레스타인 땅에 들어오는 것을 인정해야 한다는 뜻이다. 그리하여 팔레스타인에 유대인이 계속해서 밀어닥쳤다. 특히 1930년대에 아돌프 히틀러Adolf Hitler

의 유대인 절멸이 시작되자 이를 피하기 위해 유대인이 팔레스타인으로 속속 들어왔다. 아랍인이 이를 묵인할 리 없었다. 유대인이 팔레스타인에 들어오는 것에 반대하는 아랍인들은 영국의 위임통치에 거센 저항운동을 펼쳤다.

제2차 세계대전이 끝나자 전쟁으로 피폐해진 영국에게는 팔레스타인을 통치할 힘이 남아 있지 않았다. 결국 유엔은 1947년에 팔레스타인 분할안을 결의했다. 팔레스타인을 유대인 국가와 아랍인 국가로 나누고, 예루살렘은 국제관리지구로 삼는다는 것이 골자였다. 그러나 이 분할안은 유대인에게 조금 더 유리한 내용이었다. 따라서 아랍인은 거부했으나, 유대인은 받아들였다. 이런 과정을 거쳐 1948년 이스라엘이 건국되었다.

수니파 하마스의 목적

건국과 동시에 이스라엘과 아랍의 여러 국가 사이에서 제1차 중동전쟁이 일어났고 이스라엘이 승리했다. 그러자 이스라엘은 더욱 영토를 확장했으며, 팔레스타인에서 국가는 오직 이스라엘뿐인 상황이 되었다. 이를 기점으로 네 차례에 이르는 전쟁과 여러 교섭을 거쳐, 지중해에 면한 가자 지구와 내륙의 요르단 강 서안 지구에 팔레스타인 자치구가 생겨났다.

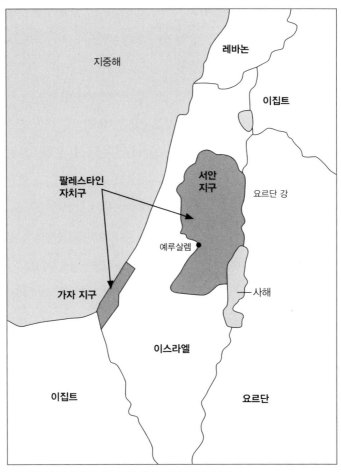

지중해

레바논

이집트

팔레스타인
자치구

서안
지구

요르단 강

예루살렘

가자 지구

사해

이스라엘

이집트

요르단

■ 이스라엘, 팔레스타인 자치구와 그 주변 국가들(2014년 현재)

현재 이 지역의 가장 큰 문제는, 가자 지구를 실질적으로 지배하는 수니파 원리주의 과격파인 하마스다. 하마스의 사상은 IS나 탈레반과 같다. 세계는 알라 신에 의해 지배되는 오직 하나의 제국이어야 한다. 이를 실현하기 위해서는 이슬람혁명이 필요하며, 맨 먼저 팔레스타인에서 이스라엘을 몰아내지 않으면 안 된다고 여긴다. 이러한 사상을 가지고 있기 때문에 이스라엘 정부와 하마스 사이에 교섭 가능성이 열리지 않는다. 하마스에게 팔레스타인 민족의 자립은 목표가 아니라 혁명을 위한 한낱 도구에 지나지 않는 것이다.

주민 대다수가 하마스를 지지한다고 볼 수는 없지만, 가자 지구에 거주하는 일부 팔레스타인 사람들은 하마스에 매료되었다. 하마스와 같은 이슬람원리주의 내부에는 복지를 중시하는 사람들이 다수 존재한다. 그들은 알라 앞에서 인간이 모두 평등하다고 생각하므로 무척 검소하며 가진 것을 동포에게 나누어 준다. 그러한 까닭에 일부 사람들의 마음을 사로잡을 수 있었던 것이다.

현재 하마스의 전략은 요르단 국왕을 타도하는 데 맞추어 있다. 요르단에는 수많은 팔레스타인 난민들이 있기 때문에 하마스는 그들을 동원해 요르단에서 분쟁을 일으키고자 한다. 왜 그런가? 현재 요르단 왕실은 이스라엘과 양호한 관계를 유지하고 있다. 만약 요르단 왕제王制가 전복된다면 사우디아라비아, 아랍에미리트 등 페르시아 만 연안의 왕제도 함께 동요할 것이다. 하마스는 그 기회를 틈타 IS와 손을 잡고 중동에 세계 이슬람혁명을 수출할 거점 국가를 건설하려는 것이다.

4

전쟁을 막을 수 있는가

EU와 IS를 비교하다

지금까지 기독교와 이슬람교에 관해 세계사의 중요한 현상을 해설했다. 이제 응용 차원에서 EU와 IS를 비교해보겠다. 둘을 아날로지적으로 보는 것이 터무니없다고 여겨질지도 모르겠지만, 근대의 기본적인 시스템인 국가나 민족이라는 틀을 초월하고자 한다는 점이 EU와 IS의 공통요소다.

   EU의 본질을 이루는, 라틴어로 '코퍼스 크리스티아눔corpus christianum'이라는 개념이 있다. 코퍼스 크리스티아눔이란 유대 기독교의 일신교 전통, 그리스 고전 철학, 로마법의 세 가지 요소로 구성된 이른바 문화 종합체를 가리킨다. 번역하자면 기독교 공동체라는 의미다. 이는 19세기 말부터 20세기 초반에 활약한 신학자 에른스트 트뢸치Ernst Troeltsch의 사고다. 이 체계는 중세에 확립되었으며 근대가 되면서 세속화했는데, 지금도 여전히 유럽적인 가치관의 기저를 이루고 있다. EU 또한 이 세 가지 가치관으로 결합되어 있는 유기체다.

이 점은 EU의 확장세를 보면 잘 알 수 있다. EU가 러시아나 우크라이나로 뻗어가지 않은 것은 기독교 공동체가 가톨릭·프로테스탄트 문화권의 산물이어서 정교회 문화권을 포섭하기 어렵기 때문이다. 마찬가지로 터키의 EU 가입이 여의치 않는 것은 기독교 공동체라는 가치관을 공유하고 있지 않기 때문일 것이다.

그렇다면 EU는 어떠한 목적으로 탄생했을까? EU가 탄생한 가장 큰 목적은 내셔널리즘 억제에 있다. 두 차례의 세계대전을 거치며 너무나도 막대한 규모의 희생자가 나오고 말았다. 독일인이든 프랑스인이든 전쟁만큼은 하고 싶지 않다는 강한 염원이 EU라는 형태의 결정체로 나타난 것이다. 이를 통해 종교적인 가치관을 중심으로 한 결합에는 민족이나 내셔널리즘을 초월하는 방향성이 존재한다는 것을 확인할 수 있다.

한편 IS 또한 글로벌한 이슬람주의를 통해 국가나 민족이라는 틀을 극복하고자 한다. IS의 조직 형태는 네트워크형이라는 특징을 지닌다. 알카에다처럼 오사마 빈라덴Osama bin Laden의 명령으로 하부가 움직이는 조직체가 아니다. 소규모 테러 '유닛'이 무수히 존재하며, 각 유닛마다 반드시 종교 지도자가 멘토로 붙는다. 그 유닛이 인터넷을 통해 전 세계적으로 결합되어 있다. 그러나 EU와 결정적으로 다른 점은, IS가 국가나 민족이라는 틀을 초월해 인간을 살해하는 사상이 되었다는 것이다. 이슬람에는 무슬림이 지배하는 '이슬람의 집'과, 이교도가 지배하는 '전쟁의 집Dar al harb'이라는 개념이 있다.[41] 이슬람원리주의의 최종 목적은 지하드를 통해 전 세계에 있는 전쟁의 집을 이슬람의 집으로 전환하는 일이다. 이 경우 종교는 국가나 민족을 초월했다 하더라도, 내셔널리즘과 마찬가지로 인간을 살해하는 사상이 된다. 이렇듯 전 세계로 확대되는 종교 원리주의의 폭주에 제동을 거는 일이 가능할까? 그 실마리는 네이션에 있다.

폭주하는 이슬람원리주의를 저지할 방안

제2장에서 앤서니 스미스의 에스니론을 소개한 바 있다. 네이션의 바탕에는 에스니가 있다. 즉 네이션이 탄생할 때는 공통의 가

---

[41] 전쟁의 집을 평화의 집Dar al Salam이라고도 한다.

치·기억·언어·혈통·영역 같은 요소들이 사후에 에스니로 발견된다. 이러한 에스니 논의에 이슬람원리주의를 무력화할 열쇠가 있다.

어니스트 겔너는 《민족과 민족주의》에서 이슬람 교의를 논했다. 그 논의에 기초하면 이슬람원리주의의 특징은 다음과 같이 다섯 가지다. 첫째, 이슬람원리주의는 유교처럼 철학적 사변을 구사하지 않으며, 간단하고, 종교와 도덕이 일치되어 있으므로 근대화의 풍랑 속에서도 살아남을 수 있었다. 둘째, 이슬람원리주의가 유교보다 강한 것은 강력하고 초월적인 개념을 가지기 때문이다. 셋째, 이슬람원리주의에서는 초월적인 신과 이 세상의 인간이 직접 연결된다. 신앙을 매개하는 자가 없기 때문에 정치적·도덕적 언설의 내용이 애매하고 폭이 넓다. 그러한 까닭에 이슬람원리주의는 넓은 범위에서 영향력을 발휘할 수 있다. 넷째, 초월적인 유일신을 극단적으로 믿으면 지적 정합성을 무시할 수 있다. 다섯째, 근대적인 학문의 절차나 논리 정합성을 무시하고 거대한 서사를 만들 수 있다.

이와 같은 이슬람원리주의의 특징을 숙지하고 그 폭주를 사전에 저지하고자 한 이들이 레닌과 스탈린이었다. 무슬림 공산주의자의 힘이 거세지고 이슬람원리주의가 소련을 석권할 가능성이 생겨나자, 스탈린은 위협을 제거하기 위해 다음과 같은 방책을 강구했다. 먼저 이슬람원리주의의 신앙 대상과 관습을 존중하고, 마찰이 일어나지 않도록 한다. 스탈린은 이슬람법인 샤리아를 존중할 것을 강하게 주장했다. 두 번째로 이슬람계 여러 민족에 존재하는 에스니를 자극해 이슬람교에 대한 귀속의식보다도 민족의식을 강화한다. 그 결과 이슬람원리주의가 침투할 토양이 사라진다는 것이다. 제2장에서 해설했듯이 현실에서는 민족정체성을 위에서 강제로 부여했기 때문에 소련이 붕괴한 후 내셔널리즘이 폭주하기 시작했다. 그러나 스탈린의 전략에서 배울점도 있다. 즉 에스니를 자극함으로써 이슬람원리주의의 침투를 막는다는 점이다.

제1차 세계대전으로 유추한 현대

지금까지 역사를 아날로지적으로 파악할 것을 강조해왔다. 이책을 마무리하는 차원에서 제1차 세계대전과의 아날로지를 통해 현재를 이해해보자.

2014년은 제1차 세계대전이 발발한 지 100년째 되던 해였다. 제1차 세계대전에서는 독가스·전차·기관총·잠수함 같은 병기가 잇달아 개발되어 실전에 투입되었다. 전후방의 구별이 사라지고, 비전투원까지 동원되는 총력전 양상을 띤 것도 이 전쟁이 처음이었다. 희생자 수 또한 900만 명에서 1,500만 명이라 추정되는데, 그 이전까지의 전쟁 희생자 수와는 자릿수가 달랐다. 그 결과, 승전국인 영국조차 피폐해졌으며 구제국주의 정책, 즉 식민지 지배에 따른 부의 수탈 시스템이 흔들리기 시작했다.

제1차 세계대전의 또다른 특징으로 전쟁관의 변화를 지적하고 싶다. 유럽에서는 중세부터 근대에 걸쳐 전쟁을 하려면 합당한 명분이 필요했다. 정전론正戰論이 전제되어야 했다는 뜻이다. 그러나 제국주의적인 전쟁이었던 세계대전에 모든 국가가 납득할 만한 옳은 이유 같은 것은 있을 수 없었다. 그 결과 평등(무차별)한 전쟁관이 도입되었다. 정의와 악이라는 이원론을 초월해 선전포고와 교전 규칙, 포로에 대한 취급 같은 규칙을 준수할 것을 중시하는 전쟁관이다. 그러나 이 전쟁관도 제2차 세계대전에서 변화했다. 일본이 선전포고 전에 진주만을 공습했듯이 전쟁을 통해 얻을 수 있는 이익이 크다면 국제적인 협의 같은 것은 파기해도 괜찮다는 발상이다. 이 같은 발상으로 행동하는 국가가 현재의 러시아다. 크림 반도를 러시아에 편입시키면 국제사회의 비난과 제재를 감수해도 좋을 만큼의 거대한 이익을 가져오리라고 여기는 것이다.

보조선을 두 가지 정도 더 그어두고자 한다. 앞에서도 이야기했지만 미국은 제2차 세계대전을 거치면서도 여전히 계몽정신이 왕성했으며 합리주의를 신봉했다. 그 배경을 살피자면 제1차 세계대전이 일어나기 전, 과학기술과 합리주의를 절대시하는 사상까지 거슬러 올라갈 수 있을 것이다. 기본적으로 미국의 이러한 태도는 현재에도 변함이 없다. 또 하나의 보조선은 소련형 사회주의가 붕괴한 후 자본주의국가가 돈에 대한 통제를 상실하고 있는 상황이다. 사회주의라는 눈에 보이는 위협이 존재했을 때 자본주의국가는 자국에서의 혁명을 저지하기 위해 부유층에게 집중되는 부를 누진세나 법인세로 흡수해 중하층에게 재분배했다. 그러나 공산주의국가가 붕괴함에 따라 재분배의 필요성이 사라졌다. 그 결과, 상위 일부에게 부가 집중되는 극심한 격차가 자본주의국가를 덮쳤다.

이상의 정보를 종합해보자. 먼저 제1차 세계대전을 통해 제국주의국가가 장악하고 있었던 식민지와 부가 요동쳤다. 그다음으로 사회주의국가가 붕괴함에 따라 자본주의국가의 돈에 대한 통제가 흔들리고 있다. 어느 쪽이든 권력 기반이 불안정해지고 있음을 보여준다. 그리고 러시아의 크림 반도 편입과 지금도 여전한 미국의 합리주의 신봉을 보면, 냉전 시대의 양대 대국이 현재 제1차 세계대전 전후의 상황과 흡사한 국면에 놓였음을 이해할 수 있다. 정리하자면 현재의 정세와 제1차 세계대전 전후의 역사, 이 양자를 아날로지적으로 파악 가능한 것이다.

1914년 6월, 사라예보에서 오스트리아-헝가리제국의 페르디난트 황태자 부부가 암살당한 사건을 계기로 제1차 세계대전이 발발했다. 당시 세태가 적힌 문헌을 읽어보면 전쟁 전야, 그러니까 이제부터 무슨 일이 벌어질 텐데 무엇이 일어날지는 알 수 없다는 불안한 분위기가 만연해 있었던 것 같다. 현재도 실로 그러하지 않은가? 우리 시대는 불투명한 미래와 복잡한 상황에서 헤어나지 못하고 있다.

신제국주의는 무엇을 반복하고 있는가

현대는 어디를 향하고 있는 것인가. 그 지점을 고찰하기 전에, 지금까지 이야기했던 내용을 정리하고자 한다. 우리는 자본주의의 역사를 통해, 자본주의는 필연적으로 세계화를 동반하며 제국주의로 발전한다는 사실을 살펴보았다. 제1차 세계대전 이후 출현한 공산주의는 자본주의에 제동을 거는 역할을 맡아왔으나 1991년 소련이 붕괴함에 따라 자본주의에 다시금 가속이 붙어 신제국주의 시대가 찾아왔다. 19세기 말의 구제국주의와 현대의 신제국주의를 아날로지적으로 파악하는 것이 제1장의 핵심이었다. 제국주의 시대에는 자본주의가 세계화를 향해 나아가기 때문에 국내에서는 빈곤과 격차 확대라는 현상이 나타난다. 부와 권력의 편재가 초래하는 사회불안과 정신의 공동화는 사회적인 유대를 해체하고, 모래알처럼 분리된 개인을 고립시킨다. 그러면 국가는 내셔널리즘을 통해 국민들의 통합을 꾀하게 된다. 이와 동시에, 제국 내의 소수민족은 정도의 차는 있겠지만 민족 자립을 향해 움직이기 시작한다.

이와 같은 동향을 보아도 구제국주의와 신제국주의는 유사하다. 위에서부터의 관주도 내셔널리즘이나 배외주의적인 내셔널리즘으로 사람들이 동원당하는 한편 합스부르크제국에서 체코민족이 각성했듯이, 현대에서는 스코틀랜드나 오키나와가 에스니 발견에 기초해 스스로 민족 정체성을 인식하게 되었다. 제국주의 시대에는 현재의 국민보다 더 하위의 네이션, 즉 더 작은 민족에게 주권을 가지게 함으로써 위기를 극복하고자 하는 움직임이 등장한다. 제2장의 핵심을 이루었던 아날로지는 이상과 같다.

오키나와나 스코틀랜드와는 대조적으로, 국민국가의 위기를 지역과 영토를 초월한 이념으로 극복하고자 하는 움직임도 나타난다. 바로 종교적인 이념이다. 이번 장에서 보았던 것처럼 시대는 다르지만 기독교에서나 이슬람교에서도 사회 위기에 복고주의·원리주의적인 운동이 일어나 지역과 영토를 초월해 확산된다는 공통분모가 있다. 현대의 EU도 관점에 따라서는 서로마제국, 나아가 로마제국으로의 회귀일 수도 있다.

전근대 정신으로 근대를 재활용한다

이와 같이 거시적으로 역사를 보는 힘을 기르면 현대가 어떠한 시대인지를 파악할 수 있다. 그러기 위해서는 아날로지적인 관점이 대단히 유효할 것이다. 그러나 진정 어려운 문제는 그 너머에 있다. 과연 시대는 어디를 향해 가고 있는가에 대한 문제다.

19세기 말 탄생한 제국주의는 두 차례의 세계대전으로 대량 살인과 대량 파괴까지 다다르고 말았다. 유럽이 서로 죽고 죽이는 행위를 하지 않게 된 이유는 당시 너무나도 거대한 희생을 치렀기 때문이다. 말하자면 구제국주의는 임계점을 맞이했던 것이다. 한편 현대의 신제국주의는 제3차 세계대전에 이르지는 않았다. 그러나 우크라이나·팔레스타인·이라크·시리아 등지에서는 핵 없는 전쟁이 계속되고 있다. 현대에 벌어지고 있는 이 전쟁과 분쟁을 해결하려면 단 하나의 방법 말고는 없다. 유럽이 그러했듯 이제 더는 죽고 죽이고 싶지 않다고 여기는 것이다. 그 경계선을 정하기란 불가능하다. 수백만 명일 수도 있고, 수천 명일지도 모른다. 그러나 한계선은 반드시 존재한다. 그렇다면, 그 선을 가능한 한 끌어내릴 수 있도록 노력하는 것이 전쟁을 저지한다는 이 책의 목적에 부합하는 행동일 것이다. 그러려면 어떻게 해야 하는가? 두 가지 가능성이 있다고 본다. 첫 번째는 다시 한 번

계몽으로 회귀하는 것이다. 인권·존엄·사랑·신뢰 같은 손때 묻은 개념이 불가능하다는 것을 알면서도 계속 이야기해야 한다. 즉 바르트가 말하는 '불가능의 가능성'을 추구하는 것이다.

근대가 한계 가까이 다다랐다는 것은 분명하다. 그 징후는 도처에 나타난다. 그러나 근대를 초월하기 위한 사상들이 모조리 실패하고 있는 것도 사실이다. 계몽주의의 귀결을 반성하고 모든 이념과 개념을 상대화한 결과, 사람들은 아무것도 믿지 못하고 동물적으로만 행동하게 되고 말았다. 이미 정치와 경제 모두 동물행동학자가 상정하는 수준의 세계가 되었다. 개인적으로는, 근대는 한계에 가까워지고 있기는 하나 한계에 이르는 것은 아직 좀더 뒤의 일이라고 생각한다. 국민국가나 자본주의 시스템은 그렇게 간단히 무너지지 않는다. 국민국가의 성립은 균등한 노동력을 낳았고, 자본주의를 길러왔다. 금 간 데가 보이기 시작했다고는 해도, 지금 세계에서 일어나는 일들은 어차피 찻잔 속의 태풍이며 현행 시스템이 조정되는 과정이라고 생각한다. 그렇다고 한다면, 근대 시스템 안에서 전쟁을 막기 위해서는 근대의 힘을 사용할 수밖에 없다. 여기서 말하는 근대의 힘이란 앞서 말한 계몽주의다. 근대의 재활용이라고 해도 좋겠다.

두 번째는 전근대의 정신, 바꾸어 말하자면 '보이지 않는 세계'에 대한 감각을 연마하는 것이다. 이 장에서 몇 번이고 서술한

대로, '보이는 세계'를 중시하는 근대의 정신은 구제국주의 시대에 전쟁이라는 파국을 초래했다. 신제국주의 시대에는, 눈에 보이지 않는다 해도 확실히 존재하는 그 무엇이 재부상하리라고 본다.

영국의 특징으로 실념론이 국가의 중심에 있음을 언급한 바 있다. '눈에 보이지 않는다 해도 존재하는 그 무엇'이 이 나라에서는 근대적인 민족 개념을 초월해 사람들을 통합했던 것이다. 영국만이 아니라 현재의 정세를 보아도 알 수 있듯 이제 더는 합리적인 것만으로는 국가나 사회의 움직임을 설명할 수 없다. 실념론의 시대가 돌아온 것이다. 그렇기 때문에 더더욱 우리는 '보이지 않는 세계'에 대한 감각을 연마하고 국제사회의 수면 아래에서 벌어지고 있는 일들을 꿰뚫어볼 수 있어야 한다. 지금까지의 설명을 정리하자면, 전근대의 정신을 지니고 근대를 재활용하자는 이야기다.

역사와 마주하는 방법 또한 영국에게서 배워야 한다. 이 책에서 몇 번이나 소개했듯이 영국의 역사 교과서는 과거의 잘못에 입각해 역사에는 국가나 민족에 따라 다양한 견해가 있음을 철저히 가르치고자 한다. 우리 역시 역사는 서사라는 원점으로 되돌아갈 필요가 있다. 입장이나 견해가 다르다면, 역사와 서사는 같지 않다. 세계에는 다양한 역사가 존재한다. 그 점을 자각한 후, 좋은 서사를 자아내어 전해야 한다. 그리고 다양한 역사가 있음을 알려면 아날로지의 힘을 사용해야 한다. 보이지 않는 세계에 대한 감각을 연마하려면 아날로지적으로 사고해야 한다. 근대의 종교인 자본주의와 내셔널리즘에 살해당하지 않기 위해, 우리는 아날로지를 숙지하고 역사를 이야기하는 이성을 충분히 단련해야 한다.

기독교와 이슬람교를 독해하기 위한 책

루돌프 불트만 지음, 이동영 옮김, 《예수 그리스도와 신화》, 한국로고스연구원, 1994.

전간기에 칼 바르트와 더불어 변증법 신학운동을 추진했으며, 현대인의 실존에 의거한 형태로 신약성서를 해석할 것(비신화화)을 제창한 루돌프 불트만의 저서다. 그의 주장이 압축적으로 정리되어 있다.

나카무라 고지로 지음, 양기호 옮김, 《이슬람교 입문イスラム教入門》, 소화, 2004.

일본과 이슬람교의 관계부터 설명하기 시작해 이슬람교의 역사·종파·신앙을 개략적이기는 하나 꼼꼼히 해설한다. 이 책을 읽으면 현재의 종교 분쟁과 IS가 등장한 배경을 명확히 이해할 수 있다. 이슬람교 입문서의 결정판이라고 할 수 있다.

기독교 신학에 역사신학이라는 분야가 있다. 일반 역사에서는 실증성을 기본으로 한다. 역사신학에서도 실증성을 무시하지는 않으나, 나아가 그 심층에 있는 역사를 추동하는 원동력을 탐구한다. 이 역사신학의 방법을 가져와서 '세계사의 비결'을 획득할수는 없을까 하고 생각했다. 그때 머릿속에 떠오른 것이 도시샤同志社대학교 신학부에서 공부할 때의 일이다.

내 작업 공간에는 사전 등을 나란히 꽂아둔 상비용 책장이 있다. 그 한가운데 대학 시절 역사신학 교과서였던 후지시로 다이조藤代泰三의 《기독교사キリスト教史》가 꽂혀 있다. 일주일에 두세번은 이 책을 펼치는데, 그때마다 도시샤대학교의 이마데가와今

出川 캠퍼스 신학관 3층의 작은 교실에서 후지시로 다이조 선생이 진행하던 수업이 떠오른다. 1년에 한 번, 제대로 된 리포트를 제출하기만 하면 수업을 듣지 않아도 학점을 준다는 것이 당시 신학부의 교육 방침이었다. 그래서 후지시로 선생의 강의와 세미나에 늘 출석하는 학생은 나를 포함해 두세 명이었다. 종교개혁 이후의 기독교사가 후지시로 선생의 담당이었다. 다만 후지시로 선생은 통사적인 강의를 하지 않고 두 가지 주제만 다루었다. 첫 번째는 1517년 루터가 비텐베르크에서 〈95개조 반박문〉을 발표하기 전, 《시편 강해》, 《로마서 강해》로 복음을 재발견했을 때의 경위다. 두 번째는 계몽주의를 극복하고자 한 칸트와 슐라이어마허, 그리고 헤겔의 시도다. 우리가 "츠빙글리Huldrychv Zwingli나 칼뱅도 알고 싶습니다"라고 말해도, 후지시로 선생은 "루터에 따른 복음의 재발견을 추체험(양해)할 수 있다면, 그 후의 종교개혁가들의 생각은 책을 읽으면 알 수 있습니다"라고 말하고는 더는 상대해주지 않았다.

내가 2학년이던 무렵, 그러니까 1980년의 일이다. 3학년이자 신좌익계의 신학부 자치회위원장을 맡고 있었던 다키타 도시유키瀧田敏幸(현재 지바 현 현의회 자민당 의원)가, 후지시로 선생이 지도하던 세미나에서 초기 헤겔의 변증법에 관한 발표를 했다. 헤겔의 〈예수의 생애〉, 〈기독교의 정신과 그 운명〉[42]을 잘 읽고 이해한, 뛰어난 발표였다. 후지시로 선생은 "좋은 연구였습니다"라며 발표 자체는 좋게 평가했으나, 그 후 "헤겔은 주의를 기울여야 합니다. 특히 변증법이라는 사고방식에는 함정이 있습니다"라고 진지한 얼굴로 나무랐다. 다키타가 "헤겔의 어디에 문제가 있는 겁니까?" 하고 묻자, 후지시로 선생은 "이성을 지나치게 중시합니다"라고 답했다. 그리고 《기독교사》를 펼친 다음 아래 글을 소리 내어 읽었다.

실증주의에 입각하는 사학에서는 사료를 다루는 것, 즉 사료 수집과 선택·비판·해석은 이성만으로 충분하겠으나 정신과학으로서의 역사학 연구는 이성만으로는 지극히 불충분하며 신체·이성·의지·감정·신앙을 가진 인간 주체로서 이 작업에 임해야 한다고 생각한다. 이와 같은 작업은 딜타이가 말하는 체험·표현·추체험에 의한 해석을 통해서만 가능하며, 사료에 표현되어 있는 체험을 연구자 주체가 추체험해 이해해야 한다. ……사학 방법론에서 중요한, 개個와 전체, 특수성과 보편성, 독자성과 동일성의 문제를 해결할 열쇠가 여기에 있다. 해석학은 먼저 사료의 언어학적·역사적(정

---

42 둘 다 《헤겔의 청년기 신학 논집》에 실린 논문으로, 국내에서는 〈기독교의 정신과 그 운명〉만 단독으로 번역 출간되었다.

치·경제·사회·문화 등) 분석을 철저히 한 후, 그 사료를 해석하는 것이다.[43]

그러고는 분필로 칠판에 점을 잔뜩 찍은 뒤 선을 그어 점들을 이은 다음, 후지시로 선생은 이렇게 말했다.

"여러분, 여기에 그린 그림의 의미가 무엇인지 이해하겠습니까? 이 점들은 인간 한 사람 한 사람입니다. 그 인간 하나하나가 저마다 다양한 이들과 서로 관계되어 있어요. 이 세상 안에서 생을 부여받은 사람을 한 명이라도 제외한다면 역사는 성립되지 않는다고 생각합니다. 헤겔이 말했듯 절대정신이 변증법으로 발전한다는 식의 단순한 흐름을 취하지 않아요. 역사는 훨씬 복잡한 현상입니다. 타인의 마음이 되어 생각하는 것, 타인을 추체험하는 것을 얼마나 거듭했느냐에 따라 역사에 대한 이해의 깊이가 달라집니다. 그리고 역사는 아날로지를 통해 이해하는 것입니다. 여러분은 아직 젊으니 제가 무슨 말을 하고 있는지 잘 모를 것입니다. 헤겔이나 마르크스처럼 강력한 세계관에 기초해서 역사를 역동적으로 독해하는 수법에 매력을 느끼리라고 봅니다. 그러나 그러한 철학이나 신학이 어딘가에서 구체적인 인간을 놓

43 藤代泰三, 《キリスト教史》, 日本YMCA同盟出版部, 1979.

치고 있는 것은 아닌지, 저는 염려하고 있습니다."

이 무렵 후지시로 선생은 예순일곱 살이었으며 나와 다키타는 스무 살이었다. 우리는 올해 쉰네 살이 된다. 당시의 후지시로 선생과 나이가 비슷해지자 선생이 전하고자 했던 의미를 피부로 이해하게 되었다. 우리가 이론의 매력에 사로잡히지 않고, 타인의 마음이 되어 생각하는 추체험을 중시하고, 아날로지적으로 역사를 독해하는 습관을 기른 것은 후지시로 선생에게서 받은 영향이 크다.

이 책의 구성과 편집은 작가인 사이토 데쓰야齋藤哲也, NHK 출판사의 오바 단大場旦과 구보타 히로미久保田大海에게 큰 신세를 졌다. 감사의 뜻을 전한다.

아케보노바시曙橋 자택에서

사토 마사루

이 책의 저자인 사토 마사루는 일본 도시샤대학교에서 신학으로 석사학위를 받은 외교관 출신 작가다. 원래는 석사를 마친 뒤 체코슬로바키아로 유학을 가려고 했으나, 당시는 아직 냉전이 끝나지 않은 1980년대였던 데다 연구 주제상의 문제 등으로 유학을 떠나기가 여의치 않았다. 사토 마사루는 외무성에서 일하면 체코어 연수 명목으로 체코슬로바키아에 갈 수 있겠다는 생각을 했고, 시험을 쳐서 외무성 직원이 되었다. 그러나 정작 그에게 배정된 언어는 체코어가 아닌 러시아어였다.

사토 마사루는 이후 러시아 주재 일본대사관을 거쳐 일본 외무성 국제정보국에서 근무하던 중, 2002년에 배임 및 업무방해

혐의로 기소되어 집행유예를 선고받았다. 그는 석방된 후 자신이 기소된 사건에는 정치적 의도가 담겨 있었다고 주장하며 수사 내막과 정치적 배경을 폭로한 책《국가의 덫國家の罠》을 출간했다. 이 책으로 그는 제59회 마이니치출판문화특별상을 수상했다. 이를 기점으로 사토 마사루는 본격적으로 작가 겸 정치평론가의 길을 걷게 된다. 기소와 판결을 둘러싼 논란은 열외로 치더라도 꽤나 독특한 이력의 소유자임은 분명하다. 역사와 시공간을 넘나들며 펼치는 시원시원하고도 거침없는 저자의 필력은 이처럼 독특한 이력에 상당 부분 기인하는 것이 아닌가 싶다.

세계 곳곳의 뉴스를 일상적으로 접하게 된 오늘날에도 국제정세 이면의 배경, 정확한 경위, 앞으로의 향방 등을 짚어내기란 좀처럼 쉽지 않다. 하지만 세계 도처에서 벌어지고 있는 사건들, 나아가 가까운 미래에 벌어질지 모를 사건들을 가늠하는 일은 반드시 필요하며, 이때 도움을 얻을 수 있는 것이 바로 역사다. 이 책은 방대한 세계사에서 바로 지금 우리에게 필요한 역사적 사실만을 선별해 그 배경을 아날로지를 통해 정리해준다. 아날로지란 비슷한 사물을 연관해 사고하는 방식으로, 저자의 말에 따르자면 "미지의 사건과 맞닥뜨렸을 때도 '이 상황은 과거에 경험했던 그때 그 상황과 흡사하다'라는 판단과 함께 대상을 냉정하게 분석할 수 있기 때문"에 의의를 갖는다.

이 책은 크게 신제국주의·민족 문제·종교 분쟁이라는 세 가지 주제를 다룬다. 이 세 가지가 왜 현대를 이해하는 데 필요한 주제인지, 또한 역사적으로는 어떠한 움직임을 보여왔는지를 아날로지적인 관점에 입각해 설명한다.

사실 역사를 이야기할 때 가장 어려운 시대는 현대인 것 같다. 매일매일 일어나는 현재의 사건들이 사료로서 가치가 있는가를 가려내기 쉽지 않을 뿐더러, 아직 일어나지 않은 미래와 어떠한 관계가 있을지 또한 파악하기 어렵기 때문이다. 그러나 현대는 지금을 살아가는 우리에게 가장 중요한 역사이기도 하다. 가장 이해하기 어렵지만, 반드시 이해해야 하는 시대인 것이다. 그러한 맥락에서 아날로지를 활용한 사토 마사루의 역사 읽기 방식은 꽤 유효하다.

아날로지를 다르게 정의하면 과거의 역사적 사실이나 사건을 통해 현대를 에둘러 이해하는 것이라 말할 수 있다. 이 점은 저자가 주요 참고 사례로 제시하는 영국 역사 교과서 《제국의 충격》이 현대의 시각에서 역사를 비판적으로 검토한다는 점과도 상통하는 바가 있다.

물론 역사를 하나의 선 또는 단일한 서사로 정리할 수는 없다. 점과 선, 면으로서의 역사적 사실들이 쌓이고 얽히면서 만들어지는 일종의 네트워크적인 서사를 역사라고 볼 수 있을 것이다.

각각의 역사적 사실들을 어떻게 꿰어 서술하느냐에 따라 역사 읽기는 달라지고, 의미 또한 변화한다. 게다가 이미 그 의미를 파악했다고 여겼던 사실들도 얼마든지 재해석될 수 있다.

물론 역사 해석의 여지를 전면적으로 열어두자는 이야기는 아니다. 그러한 점에서 일부 독자들은 이 책의 서술 방식에 불편함을 느낄 수도 있다. 아울러 사토 마사루식 역사 읽기는 개별 역사를 어느 정도 단순화해 설명하는 까닭에 그 해석의 깊이가 다소 얕다고 느낄지도 모른다. 이에 대해서는 맺음말의 내용을 다시 살펴보는 것이 의미 있을 것 같다.

그러고는 분필로 칠판에 점을 잔뜩 찍은 뒤 선을 그어 점들을 이은 다음, 후지시로 선생은 이렇게 말했다.

"여러분, 여기에 그린 그림의 의미가 무엇인지 이해하겠습니까? 이 점들은 인간 한 사람 한 사람입니다. 인간 하나하나가 저마다 다양한 이들과 서로 관계되어 있어요. 이 세상 안에서 생을 부여받은 사람을 한 명이라도 제외한다면 역사는 성립되지 않는다고 생각합니다. 헤겔이 말했듯 절대정신이 변증법으로 발전한다는 식의 단순한 흐름을 취하지 않아요. 역사는 훨씬 복잡한 현상입니다. 타인의 마음이 되어 생각하는 것, 타인을 추체험하는 것을 얼마나 거듭했느냐에 따라 역사에 대한 이해의 깊이가 달라집니다."

위 인용문에서 알 수 있듯, 아날로지를 통해 역사를 읽는다는 것은 다시 말해 아날로지를 통해 어느 한 시대를 살아갔던 타인들을 읽고 이해하는 것이다. 그리고 이해한 내용을 지금의 나-우리와 연결해보는 것이다. 그러한 과정을 거쳤을 때 비로소 역사는 나-우리의 삶과 직결되는 서사가 될 수 있다. 이것이 저자가 전달하고자 하는 메시지가 아닐까.

마지막으로 번역을 하면서 매번 느끼는 점이지만, 번역하는 사람이 누릴 수 있는 기쁨은 보람을 느낄 수 있게 해주는 원고를 만나는 데도 있겠으나 얼마나 좋은 편집자를 만나는가도 그에 못지않게 중요한 것 같다. 부족한 번역 원고를 꼼꼼히 살펴 책으로 나올 수 있게 해준 위즈덤하우스 출판사 분들께 지면을 빌려 감사의 말을 전하고 싶다. 사토 마사루가 이야기하고자 했던 바가 이 책을 읽는 독자들에게 조금이라도 더 잘 전달이 되었다면, 이는 전적으로 출판사의 공임을 밝힌다.

2016년 5월
신정원

참고문헌*

■ 서장

• 앨리스터 맥그래스 지음, 김기철 옮김, 《신학이란 무엇인가*Christian Theology*》, 복있
　　　는사람, 2014.
• 에릭 홉스봄 지음, 이용우 옮김, 《극단의 시대*The Age of Extremes*》, 까치글방, 1997.
• 카를 마르크스 지음, 최형익 옮김, 《루이 보나파르트의 브뤼메르 18일*Der achtzehnte
　　　Brumaire des Louis Bonaparte*》, 비르투, 2012.
• 프랜시스 후쿠야마 지음, 이상훈 옮김, 《역사의 종말*The End of History and the Last
　　　Man*》, 한마음사, 2007.
• 高山岩男, 《世界史の哲學》, 花澤秀文編, こぶし文庫, 2001.
• 佐藤優, 《日米開戰の眞實-大川周明著'米英東亞侵略史'を讀み解く》, 小學館文庫,
　　　2001.
• ＿＿＿, 《日本國家の神髓-禁書'國體の本義'を讀み解く》, 扶桑社, 2009.

■ 제1장

• A.A. 다닐로프·L.G. 코술리나 지음, 문명식 편역, 《러시아 역사*History Russia*》, 신아
　　　사, 2009.
• 블라디미르 레닌 지음, 남상일 옮김, 《제국주의론*Imperialism*》, 백산서당, 1986.

* 참고문헌은 본문에서 인용하거나 내용을 참고한 순서대로 정리했다.

- 조너선 스위프트 지음, 《걸리버 여행기*Gulliver's Travels*》.
- 카를 마르크스 지음, 김수행 옮김, 《자본론*Das Kapital*》(전 3권), 비봉출판사, 2015.
- ホブスン, 《帝國主義論-上》, 岩波文庫, 1951.
- _____, 《帝國主義論-下》, 岩波文庫, 1952.
- Michael Riley, Jamie Byrom, and Christopher Culpin, *The Impact of Empires*, Hodder Education, 2008.
- 木村靖二·佐藤次高·岸本美緒, 《詳說世界史-世界史B》, 山川出版社, 2013.
- 岩波講座, 《世界歷史22 産業と革新-資本主義の發展と變容》, 岩波書店, 1998.
- _____, 《世界歷史24 現代1-第一次世界大戰》, 岩波書店, 1970.
- 宇野弘藏 《經濟政策論》, 弘文堂, 1971.
- _____, 《經濟原論》, 岩波全書, 1964.
- 佐藤優, 《新·帝國主義の時代-右卷》, 中央公論新社, 2013.
- _____, 《新·帝國主義の時代-左卷》, 中央公論新社, 2013.

■ 제2장

- 베네딕트 앤더슨 지음, 윤형숙 옮김, 《상상의 공동체*Imagined communities*》, 나남출판, 2004.
- 어니스트 겔너 지음, 최한우 옮김, 《민족과 민족주의*Nations and Nationalism*》, 한반도국제대학원대학교출판사, 2009.
- Anthony D. Smith, *National Identity*, University of Nevada Press, 1992.
- _____, *The Ethnic Origins of Nations*, BlackwellPublishers, 1987.
- Elie Kedourie, *Nationalism*, Wiley–Blackwell, 1993.
- スターリン, 〈マルクス主義と民族問題〉, 《スターリン全集-第2卷》, 大月書店, 1970.
- 山内昌之, 《スルタンガリエフの夢-イスラム世界とロシア革命》, 岩波現代文庫, 2009.
- 矢田俊隆, 《ハプスブルク帝國史研究-中歐多民族國家の解體過程》, 岩波書店, 1977.
- 佐藤優, 《宗敎改革の物語-近代·民族·國家の起源》, 角川書店, 2014.

■ 제3장

· 칼 바르트 지음, 조남홍 옮김, 《로마서 강해*Der Romerbrief*》, 한들출판사, 1997.

· 프리드리히 슐라이어마허 지음, 최신한 옮김, 《종교론*Uber Die Religion*》, 대한기독교
    서회, 2002.

· ウォーカー, 《キリスト教史1-古代教會》, ヨルダン社, 1948.

· _____, 《キリスト教史2-中世の教會》, ヨルダン社, 1987.

· _____, 《キリスト教史3-宗教改革》, ヨルダン社, 1983.

· _____, 《キリスト教史4-近·現代のキリスト教》, ヨルダン社, 1986.

· トレルチ, 《ルネサンスと宗教改革》, 岩波文庫, 1959.

· 山内志朗, 《普遍論爭-近代の源流としての》, 平凡社ライブラリー, 2008.

· 森孝一, 《宗教からよむ"アメリカ"》, 講談社選書メチエ, 1996.

· 佐藤優, 《はじめての宗教論 左卷-ナショナリズムと神學》, NHK出版新書, 2011.

· 中村廣治郎, 《イスラム教入門》, 岩波新書, 1998.

· 《聖書 引照付き-新共同譯》, 日本聖書協會, 1998.

찾아보기

복잡한 현대를 이해하기 위한 최소한의 역사

흐름을 꿰뚫는 세계사 독해

초판 1쇄 발행 2016년 5월 31일 **초판 7쇄 발행** 2016년 10월 19일

지은이 사토 마사루
옮긴이 신정원
펴낸이 연준혁

출판 4분사
편집장 김남철
디자인 하은혜

펴낸곳 (주)위즈덤하우스 **출판등록** 2000년 5월 23일 제13-1071호
주소 (410-380) 경기도 고양시 일산동구 정발산로 43-20 센트럴프라자 6층
전화 031)936-4000 **팩스** 031)903-3893 **홈페이지** www.wisdomhouse.co.kr

값 13,000원
ISBN 978-89-93119-97-8 03900

국립중앙도서관 출판시도서목록(CIP)

흐름을 꿰뚫는 세계사 독해 / 지은이: 사토 마사루 ;
옮긴이: 신정원. — 고양 : 위즈덤하우스, 2016
p. ; cm
원표제: 世界史の極意
원저자명: 佐藤優
참고문헌과 색인수록
일본어 원작을 한국어로 번역
ISBN 978-89-93119-97-8 03900 : ₩13000

세계사[世界史]

909-KDC6
909-DDC23   CIP2016011687